销售就是做好渠道

——99%的人都不知道的全渠道管理新法

王亚东 著

图书在版编目（CIP）数据

销售就是做好渠道 / 王亚东著 . -- 北京：北京联合出版公司，2017.1
ISBN 978-7-5502-9679-4

Ⅰ . ①销… Ⅱ . ①王… Ⅲ . ①销售 – 基本知识 Ⅳ . ① F713.3

中国版本图书馆 CIP 数据核字 (2017) 第 003255 号

销售就是做好渠道

作　　者：王亚东
责任编辑：徐　鹏

北京联合出版公司出版
（北京市西城区德外大街 83 号楼 9 层 100088）
北京时捷印刷有限公司印刷　新华书店经销
字数 135 千字　787mm×1092mm　1/16　13 印张
2017 年 3 月第 1 版　2017 年 3 月第 1 次印刷
ISBN 978-7-5502-9679-4
定价：45.00 元

未经许可，不得以任何方式复制或抄袭本书部分或全部内容
版权所有，侵权必究
本书若有质量问题，请与本公司图书销售中心联系调换。
电话：（010）64243832　82062656

序言

重新定义渠道——线上与线下之争

近年来，互联网作为新产业革命的重要力量，逐渐渗透到了社会生活的各个领域，在产品销售渠道方面也不例外。随着电子商务的出现，网络"商家为王"的时代被终结。消费者通过互联网进行交易的潮流势不可当。

在这样的时代背景下，不管是国内外大型企业，还是中小型企业，都无法等闲视之。

然而，许多传统企业涉水线上渠道时面临着这样一个尴尬的问题：互联网的确拥有独特的市场潜力、销售优势，倘若不发展线上渠道，很有可能轻易被后来者赶超、被竞争对手甩在身后；可如今传统线下渠道竞争已经异常激烈，再去发展线上渠道，苦心经营多年的线下渠道体系恐怕难免被冲击——而这可是大多数传统企业目前的安身立命之本！

遗憾的是，线上与线下之争却越来越多地成为企业渠道之殇，难道线上与线下只能是"敌人"的关系？

我们在过去几年服务大量客户的基础上，发现了大多数企业关于"渠道"的迷思。为了帮助您重新定义渠道，全面赢得未来，我和我的团队历时 8 个月的时间，为您呈现出这本书籍，希望能为广大读者和无数企业带来帮助！

现实之思：知名洗衣液品牌蓝月亮的线上与线下之争使其面临变革"三重门"

在我国洗衣液市场，蓝月亮始终占据霸主地位。直到2015年的仲夏，蓝月亮因与部分商超渠道谈判破裂，一怒之下转战O2O＋直销渠道（线上交易的方式之一），同时推出了浓缩型洗衣液新品。

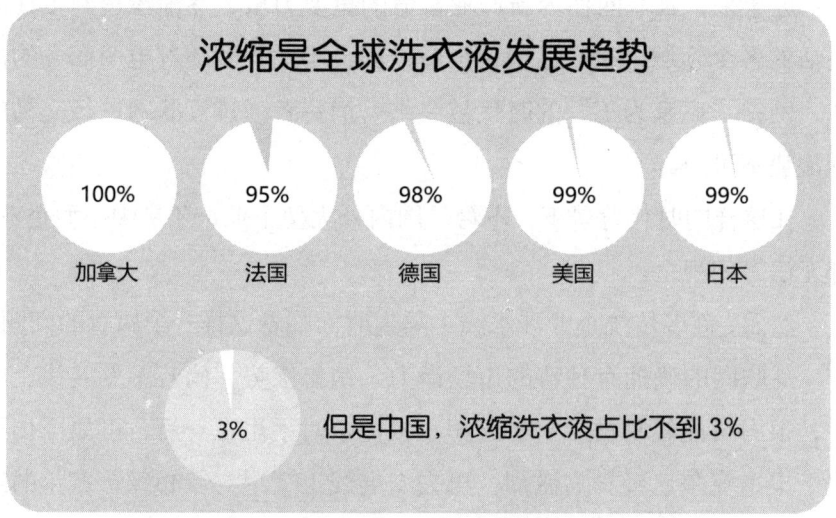

图：蓝月亮关于浓缩型洗衣液市场发展潜力的调研[1]

图：蓝月亮推出的浓缩型洗衣液新品机洗至尊[2]

1 图片来源：蓝月亮官方网站数据
2 图片来源：蓝月亮官方网站示意图

经过了一年多的努力,蓝月亮在产品和渠道方面均大幅调整,似乎效果不如预期。

不少业内人士认为,蓝月亮要想取得更高的市场份额,短时间内依旧面临变革"三重门"。

一重门,新品渠道 变革压力:销量堪忧

在进行渠道转型期间,蓝月亮顺势推出了新产品。也就是前面提到的浓缩型洗衣液"机洗至尊"。从市场销量反馈情况来看,此次推出的新品似乎并没有精准戳中消费者的"痛点"。

且不论高达139元的"机洗至尊"套装价格,"浓缩"这个新概念对于大多数普通消费阶层并没有什么吸引力和亮点。

二重门,直销渠道 变革压力:成果不明

自从与家乐福、大润发等大型卖场渠道终止合作后,蓝月亮不得不开始了在直销和线上渠道的艰难探索。尽管总体发展状况还算可观,但直销渠道的发展成果并不明显。

三重门,同业竞争 变革压力:趁乱上位

几年前,蓝月亮凭借对洗衣液这一洗涤用品细分品类的敏锐嗅觉,在洗衣液市场占有率曾高达44%,一经上市便形成垄断趋势。

随即,立白、汰渍、奥妙、卫新等诸多品牌纷纷涌入洗衣液市场,并通过推广、低价等方式展开了与蓝月亮的厮杀,导致蓝月亮的市场份额逐渐被瓜分,其市场份额一度下滑至30%。而蓝月亮放弃的部分商超渠道,也日益成为同业竞争对手趁乱上位、实现弯道超车的机会,曾经的品牌霸主地位也成了风雨中的残花,摇摆不定。

蓝月亮的事例给传统企业以警示，更引发了关于以下两个问题的思考：

问题一：线下实体渠道已成企业发展鸡肋？

线上与线下从来就不是势不两立的敌对势力，并不是只允许一方存在，而是交叉融合或者并行的两条渠道，目前二者正处于一个尝试性的融合期。

问题二：线上网络渠道真的可以高枕无忧？

透过蓝月亮的"三重门"不难看出，尽管线上渠道在人员费用上的负担相对较小，但并不意味着就此可以高枕无忧、轻装上阵。如此看来，一个企业将所有筹码压在某一个单一渠道的做法并非明智之举。

众所周知，在线上渠道，各种比价利器层出不穷，其价格透明度较高，这意味蓝月亮自主定价的需求很难应对线上的低价较量，就算以不同的包装在不同的网店销售，其生产成本、销售成本也存在一定的风险。

既想减少线下陈列、降低线下成本，又想让消费者能轻易记住你的品牌，就必须增加线上的曝光率。当然，每一次上某网站首页推荐的结果，也确实是用真金白银换来的——无非是把营销费用换了一个形式花出去而已。

对线下实体渠道而言，有选择品牌的权力，也要有被品牌选择的勇气。双方的合作要建立在平等互利之上。随着蓝月亮线上渠道的不断扩张，其变革"三重门"引发的问题或许还会屡屡发生。

线上 VS 线下：竞争 VS 合作？

不可否认，线下渠道有其天然的优势：

- 产品是看得见摸得着的；
- 销售员能详细解读卖点；
- 售后服务保障三位一体。

而线上渠道的优势则在于：

- 价格便宜；
- 信息全面；
- 省时省力；
- 可以借鉴真实的用户评价。

目前，大多数企业的做法是将线上渠道作为线下渠道的补充，但未来的市场发展趋势，势必是线上与线下的高度融合。

若只是把线上、线下看作相互竞争的两个对立渠道，无疑是一种比较窄的格局。

在线上与线下渠道大融合的今天，如果非要人为地选择其中一个渠道，舍去另一个渠道，无异于自断后路。

而充分利用线上与线下两个渠道，使二者发挥各自优势、形成合力，共同作用，定将如虎添翼，影响消费者决策、推动购买。

在二者融合的过程中，线上渠道是用户的"信息通道"，其以产品的核心利益为圆心，对线上相关产品信息进行分类、整合，从而降低用户对信息过滤和判断的难度；而线下实体渠道相当于一个"游乐场"，其作用是加强用户与产品的真实交互体验，将普遍认为的"费时费力"变成快乐的"体验之旅"。

由此也可以推断,线下实体渠道的转型机会在于强化用户体验,那么,在未来,实体渠道就可以基于用户体验展开其资源,结合线上渠道,两条腿走路。在这方面,"全球最有价值"的苹果公司已然走在时代前列。

全球最具价值10大品牌									
2016年排名	2015年排名	品牌	行业	国家	2016年品牌价值(百万美元)	2016年品牌评级	品牌价值同比变化	2015年品牌价值(百万美元)	2015年品牌评级
1	1	苹果	科技	美国	145918	AAA	13.7%	128303	AAA
2	3	谷歌	科技	美国	94184	AAA+	22.8%	76683	AAA
3	2	三星	科技	韩国	83185	AAA	1.8%	81716	AAA-
4	8	亚马逊	科技/零售	美国	69642	AA+	24.1%	56124	AAA-
5	4	微软	科技	美国	67258	AAA	0.3%	67060	AAA
6	5	Verizon	电信	美国	63116	AAA-	5.5%	59843	AAA-
7	6	AT&T	电信	美国	59904	AA+	1.8%	58820	AA+
8	7	沃尔玛	零售	美国	53657	AA	-5.4%	56705	AA+
9	11	中国移动	电信	中国	49810	AAA-	4.0%	47916	AAA-
10	15	富国银行	银行	美国	44170	AAA-	26.5%	34925	AAA-

2016年"全球最具价值10大品牌"排行[1]

在百度搜索"北京市苹果体验中心"得到的结果[2]

---

1 数据来源:腾讯科技
2 图片来源:百度搜索页面截图

如上图所示，在百度搜索"北京市苹果体验中心"，你可以获得18条线下体验门店的地址。

很多人不明白，为什么在北京各大繁华的商场，都能看见店面大到惊人，却不提供销售，只提供体验服务的 Apple Experience Center——苹果体验中心。只是因为苹果公司有钱任性？

当然不是。

在苹果线下体验中心，有苹果公司生产的所有电子产品供消费者免费体验，小到 iPhone、iPad，大到 iMac 等等都可以在体验中心免费试玩。

从你走进苹果体验中心的一刻，店内的体验会令你身心感到愉悦，就算你在这里从早玩到晚，营业员也不会说什么，大多数用户都非常享受在这里受到的礼遇，因此苹果线下实体店的回头客也很多。苹果创造了一种属于自己的线下购物体验，这种线下感觉令用户觉得和在线商店没什么两样。当许多传统实体店难以为继的时候，苹果实体店却逆流而上，在全球不同国家开设了更多的线下实体店。

如果你还是存在以下疑问：

为什么单一渠道不再行得通？为什么客户成鸟兽散？为什么怎么做都满足不了用户体验？为什么天价广告费最终打了水漂儿？为什么细分市场也锁定不了目标……

那么，是时候重新定义一下"渠道"了——现在的营销早已不再是传统的营销体系。想占领市场，先转变观念——要想不被竞争淘汰，就要与时俱进，不断优化，打通全渠道。通过驱动销售链条快速反应、线上线下相连"敲"开新市场,实现全渠道阶段管理。

如果你对上述内容依然迷惑不解,本书呈现的5大观念、4种关系、5个关键、4个步骤,将带你玩转新时代新营销、捕捉销售互动链条、重塑全渠道战略、打通全渠道模式。

这是一个不断变化的世界,拥抱变化才有未来。

"为销售而销售",让用户不再说"NO"!

厚德企管凝聚专业的力量,助您打赢这场全新的"渠道战争"!

用更有竞争力的全渠道营销模式实现企业全链条、可持续传播!

目录

Chapter1　谁先改变观念，谁就拥有市场

1. 为什么传统单一渠道令企业销售承担更大风险　003
2. 为什么曾经忠心耿耿的客户一时间都成鸟兽散　009
3. 为什么企业在认真做销售却满足不了用户体验　013
4. 为什么花天价广告费却依然得不到用户的认可　017
5. 为什么即便做了市场细分却依然锁定不了目标　019

Chapter2　销售链条快速反应：全渠道营销模式

1. 捕捉销售互动链条上的4种关系　025
2. 重塑全渠道战略的5个关键要素　032
3. 打通全渠道模式的4个落地步骤　040

Chapter3　线上线下相连"敲"开新市场：全渠道深度融合

1. 双向开放：线上与线下的深度融合之道　047
2. 提升流量：聚焦社区与本地化服务　050
3. 弥补销量：开辟空间再战移动电商　056
4. 创意营销：销售一件胜过一百万件　060
5. 调整策略：携O2M迈入大数据时代　064
6. 互联思维：重新定义用户消费体验　068

Chapter4　全渠道阶段管理：卖产品还是基于用户关系网的信任营销

1. 全渠道营销阶段：重新划分渠道间利益　079
2. 全媒体营销阶段：各个媒体优势最大化　082
3. 全用户经营阶段：链接用户长时间在线　089
4. 全产业协同阶段：网络平台打通产业链　093
5. 全数据驱动阶段：尽可能开采数据宝藏　099

Chapter5　连接一切的落地策略：在全渠道时代做成功、做成型，做出格局

1. 连接企业：面对现实及时转型　107
2. 连接产品：不断优化产品结构　112
3. 连接用户：需求导向颠覆网络　118
4. 连接资源：创新整合资源方式　122

5. 连接员工：组织形态新型管理　127

6. 连接线上与线下：精准定位迎接实战　135

Chapter6　打通全渠道：不"为销售而销售"，让用户不再说"不"

1. 绫致时装：把门店活用成电商仓库　143

2. 生活半径：线下体验增加用户信任　149

3. 中信银行：更贴近人性的商业服务　154

4. 西门子：移动营销戳中用户痛点　158

5 沃尔玛：传统零售业的转型之道　163

6. 饿了么：打破传统深耕外卖平台　168

7. 美啦：价值的发现者与创造者　173

8. 伊利：让情感成为连接用户的纽带　177

9. 管家帮：合力阿里助力家政行业　182

10. 途牛：布局在线颠覆传统旅游业　185

后记

渠道需要不停地优化、与时俱进　191

Chapter1
谁先改变观念,谁就拥有市场

```
                        ┌─ 传统单一渠道令企业销售承担更大风险
                        │
                        ├─ 曾经忠心耿耿的客户一时间都成鸟兽散
                        │
    为什么要改变观念 ───┼─ 企业在认真做销售却满足不了用户体验
                        │
                        ├─ 花天价广告费却依然得不到用户的认可
                        │
                        └─ 即便做了市场细分却依然锁定不了目标
```

为什么要改变观念

1 为什么传统单一渠道令企业销售承担更大风险

对企业而言,尽管传统单一渠道更便于管理和控制,但同时也要承担单一渠道带来的巨大风险。

传统单一渠道的风险

风险	简要分析
结构风险	企业与大商家合作时间越长,就有被稀释越多销售额的风险。例如,不少小家电企业动辄在苏宁、国美就是上亿的销量。反观收入,对手逐年递增,销量年年稀释,扣点年年上升,促销力度越来越大,有时候与商家合同签完就知道来年又得赔钱,却还得硬着头皮做,为什么——被苏宁、国美这些家伙占了那么大比例,怎敢轻易甩掉!
利润风险	无论是直营还是经销商销售的方式,都鲜有丰厚的利润回报。如今大多数企业通过低成本、产品线、企业公关做形象,试图在这个过程中扩大市场,然而利润并不理想,最终也都是叫苦连天。
竞争风险	大企业品牌之间促销力度的对决非常激烈。即便你的销售份额都集中在传统渠道,一旦竞争对手搞了一个促销活动,你跟不跟?跟了利润就全军覆没,不跟就等着被挤出排行榜吧!
专业风险	中国从来不缺专做渠道的大企业,一方面企业本身日子不好过,另一方面这些大企业在其主营业务方面有较大优势,如物流配送、业务洽谈、合同谈判等,所以在短时间内也能赚到一些钱,但毕竟这样的企业为数不多,中小企业在短时间内是学不来的。

如此看来：

结构风险大，骑虎难下；

利润风险高，容易亏损；

竞争激烈，容易蚀本血拼；

专业要求多，容易犯错误……

这就是传统单一渠道会带给企业种种风险的真相！

因此，企业应该转变观念，考虑渠道多样化发展——渠道越丰富，未来的销售机会就越多，利润结构就越稳定，承担的风险就相对越小。就算一个渠道中的销售成本太高或者竞争激烈，这时还可以选择其他渠道继续造血。

★ 互联网时代的新玩法——全渠道模式

互联网+经济时代，极致体验、免费模式、粉丝经济、渠道为王……层出不穷的新词、热词让许多传统企业看不懂、玩不转。

此刻，或许你的企业正急于在微信、微博上做多种广告促销，也把用户当上帝看待。并按照互联网时代的玩法做到经营粉丝、产品迅速迭代、提供定制服务，甚至花天价研发后台系统，似乎投入了大量人力、物力和财力在渠道建设方面，却迟迟不见销售额上涨，问题出在哪里？到底该怎么找到客户？

互联网时代，单纯照猫画虎，必然失败。其实不必纠结，不管热点词汇怎么更新，企业的核心依旧是：赚谁的钱？通过什么渠道赚钱？

全渠道模式会告诉你答案！

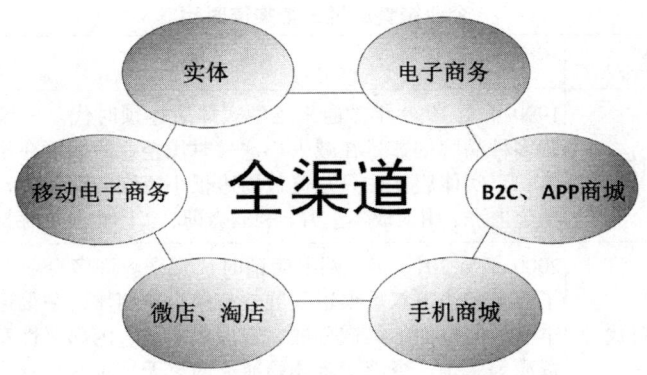

全渠道模式下的渠道示例

全渠道，英文 Omni-Channel，通俗地讲，就是企业为了满足消费者在任何空间、时间、地点、方式的购买需求，采取实体渠道＋电子商务渠道＋移动电子商务等全渠道整合的方式进行销售，最终向消费者提供无差别的购买体验。

其中，不同的渠道所包含的类型亦不同：

不同渠道的类型

渠道	类型
实体渠道	实体加盟店、电子货架、异业联盟等
电子商务渠道	自建官方 B2C 商城，进驻电子商务平台如淘宝店、天猫店、京东店、苏宁店、亚马逊店、QQ 商城店、拍拍店等
移动电子商务渠道	自建 APP 商城、微商城、官方手机商城，进驻移动商务平台，如微淘店等

其实，早在互联网＋时代到来前，企业的销售就经历了单渠道时代和多渠道时代，只不过，随着经济新常态的发展和互联网技术的普及，又全面迎来全渠道时代。

企业销售历经三个渠道时代

时代	简要分析
单渠道时代	1990年至1999年，迎来巨型实体店连锁时代。一家实体店经营多种品牌的数量在减少。这一时代企业的困境在于渠道过于单一，实体店往往只是覆盖周边很小范围的消费者，随着商铺租金上涨、用人成本上升，利润微薄，实体企业生存岌岌可危！
多渠道时代	2000年至2011年，网上店铺时代到来。许多企业零售商采取了线上和线下双重渠道发展。与单渠道相比，多渠道的路径更丰富，但也面临渠道分散、管理成本高、内部恶性竞争、抢夺资源等瓶颈，令消费者体验冰火两重天！企业经营效率逐渐下滑，亟须改变！
全渠道时代	2012年开始至今，实体店铺地位逐渐弱化，企业越来越重视消费者体验，开始结合多渠道展开全面销售。

对企业销售来说，全渠道具有以下三大优势：

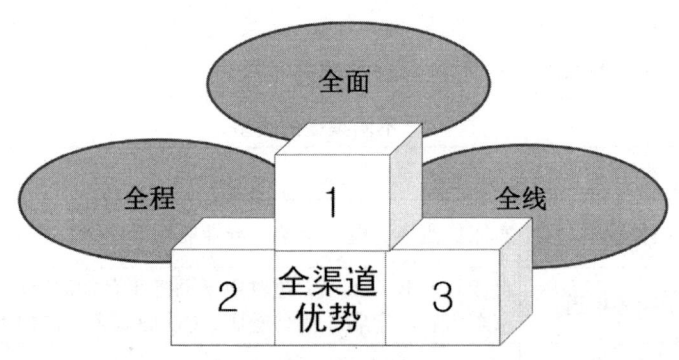

全渠道的三大优势

优势1：全面

企业可以通过互联网销售系统，轻松跟踪和积累与消费者购物相关的数据，同时在这个过程中给消费者个性化建议，与消费者及时互动，从而掌握消费者在购买过程中的决策变化。既利于优化产品，又能提升消费者购物体验。

优势2：全程

消费者从接触一个品牌到最后决定购买，这个全程通常包括五个关键环节：

★ 搜寻；

★ 比较；

★ 下单；

★ 体验；

★ 分享。

在上述关键节点，全渠道模式确保了企业全程保持与消费者零距离接触。

优势3：全线

全渠道模式的精髓在于"全"，在于整合。这种思路并不意味着让线上与线下原有的良好渠道产生冲突，而是以原有渠道为基础，进行深度融合，驱动企业销售链快速反应。

全渠道，即全线覆盖——线上线下全渠道阶段。这一阶段意味着企业能通过多种渠道与消费者互动，包括实体店、网店、社交媒体、移动设备、电视、网络家电、呼叫中心、服务终端、直邮和目录、游戏机、上门服务等。

全渠道模式开始让企业人意识到：营销是一项系统工程，不是某个人的单打独斗！

在全渠道营销的今天，已经不仅仅是"卖产品"那么简单了，上述这些全线渠道加以整合，相互呼应；合理配置渠道，别把鸡蛋放在同一个篮子里；衡量渠道价值，清楚你的核心目标，最终成为企业360度全方位的营销力量！

2 为什么曾经忠心耿耿的客户一时间都成鸟兽散

销售，其实就是解决人性的问题。

例如，在人性的弱点中，因为贪婪，所以很多客户爱占便宜，让他们感觉自己占到了便宜就很重要，因此免费模式大行其道；因为懒惰，所以你的产品和销售渠道都要带给客户更好的用户体验，因此简约思维、极致思维等理念日益被推崇。

当然，人性的表现还有很多，在满足了用户最基本的需求后，随之就会有更高层次的需求产生，这些需求远远超越了最低层次需求的界限。例如，社交、被尊重、自我实现、情怀等需求。若不能满足用户源源不断的新需求，曾经再忠心耿耿的客户一时间也会成鸟兽散。因为即便你的产品不能满足客户的需求，他还可以继续通过其他渠道买到符合心理需求的产品。

★ **移动互联网时代的消费群体：移动化、本地化、社交化**

想要破解用户的需求，打通营销一体化的价值链，首先要结合时代背景，了解当下的消费群体。

在移动互联网时代，消费者也发生了巨大的变化，逐渐形成了以下三大消费群体：

移动互联网时代消费群体

消费群体	简要分析
移动化	所谓"移动化"消费群体，也就是通过移动设备发生购买行为。近几年，随着我国移动端购物形式的展开，以及支付宝等支付平台的安全建设逐渐完善，也将带动移动网络购物渗透率的增加。
本地化	"本地化"消费群体现得更多的是场景消费。例如，消费者在线下聚餐时，许多用户会通过大众点评来搜索附近评价星级最高的餐馆。接着，再用百度地图找一条最便捷的行车路线到达该餐馆就餐。而这些消费场景通常是基于地理位置而触发的，具有很高的商业价值。商家可以通过本地化的线下服务，将品牌推广给线上用户，促使线上用户也通过移动端找到线下商家，从而激活消费。
社交化	简单来说，"社交化"就是消费者在做购买决策之前通过网络社交平台，根据自己的兴趣、需求搜索产品，选择多种商品进行比较、体验，最后再决定购买。这个过程中，忠实的用户会通过社交网络继续扩散品牌，无形中帮助商家做了口碑，提升企业知名度，进而带动更多用户购买。

而上述几类消费群体的三大特点是：

特点1：个性化

从需求上来看，个性化消费者不再单纯追求大众化的产品，而是追求更深层次的消费体验，从而展现自我个性。

特点2：全天候

从时间上来看，消费者希望随时都能买到需要的产品。在淘宝的庞大消费体系中，最大的消费群体并不是"白天族"，而是"夜淘族"，数以千万计的用户在0点后下订单。

除此之外，移动互联网的发展促使越来越多的用户利用大量的碎片时间进行购物。那些定期去超市、百货商场的人群正在呈衰减趋势。

特点 3：多渠道

从空间上来看，今天的消费者无处不在。换言之，现在的用户都是多渠道的消费群体。不管他们在哪里，都希望能轻而易举买到自己需要的产品。

前一秒钟，他们可能在北京，下一秒钟就可能飞往巴黎。但是，他们的购物欲望却并未因地点的转移而削减，他们总是希望产品能够随时随地送货上门，并乐此不疲地在各种社交平台评价自己购买的产品。

管理大师德鲁克曾经说过："好的公司满足需求，伟大的公司创造市场。"

同时，史蒂夫·乔布斯也说过：客户其实不知道自己想要什么。

客户的需求，就像一座冰山，冰山只有 1% 的体积会露在表面，而 99% 的冰山都在海平面之下。

好的企业去满足客户冰山表面的需求，但是那些卓越伟大的企业，往往能像挖掘海面下的冰山一样，挖掘客户自己也没意识到的深层次需求。

今天，用户不再满足于单一的购物渠道，他们渴望尝试通过更多渠道来购物。

综上所述，消费群体及其特点、属性的变化，促使其购买的渠道也变得越来越多元化。

线上——各类新闻门户网站、电商平台、论坛、社区……

线下——各大卖场、实体门店……

无论线上还是线下，都是消费者获取产品的渠道来源。只不过，网络上传播的内容，意见领袖的评价、言论都会对其他消费者产生一定影响。

总之，从消费者信息获取的渠道，到产品选择、产品交易，再到产品评价和用户忠诚度的建立，都在移动互联网时代发生了翻天覆地的变化。当传统渠道跟不上时代的节拍，销售的产品不能满足消费者日益增加的深层次需求，留不住昔日忠心不二的客户也就不足为奇了！

3 为什么企业在认真做销售却满足不了用户体验

美国心理学家亚伯拉罕·马斯洛在《人类激励理论》这篇著作中,提出了"马斯洛需求层次理论"。

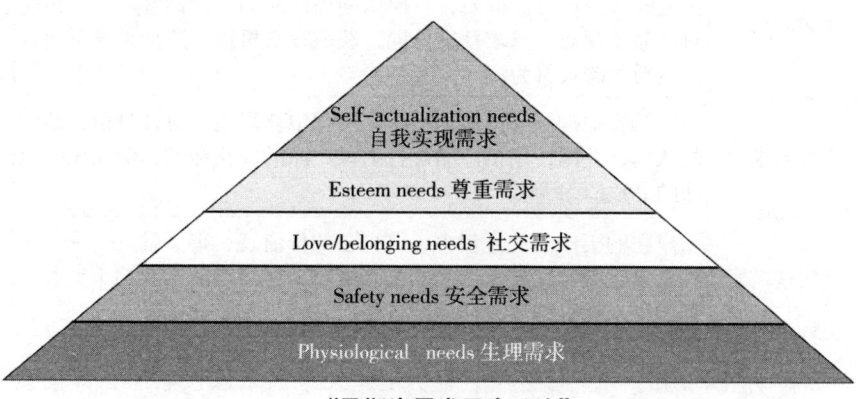

"马斯洛需求层次理论"

如上图所示,马斯洛将人们的需求从低到高依次排列,分为五个层次:

★ 生理需求;

★ 安全需求;

★ 社交需求;

★ 尊重需求；

★ 自我实现需求。

通常情况下，人们在满足低层次需求后，就会追求更高层次的需求。在互联网时代，该理论同样适用于产品销售。

从产品销售的角度看"马斯洛需求层次理论"

需求层次	简要分析
生理需求	用户对产品最直观的感受和最简单的需求，这种需求下常常产生的是偶然性购买。一旦购买行为结束，后续未必会与产品进行互动或有任何更多的关联。
安全需求	用户基于对产品功效、特点、质量的信任，常常重复购买同一产品，认为这样才不会吃亏或对身心造成伤害。
社交需求	用户在决定是否购买产品的过程中，试图先与产品成为朋友，再重复购买该产品。同时，自愿认同该产品的文化标签，主动传播对产品的观点，寻求社交认同，获取社交机遇。这种需求下通常产生粉丝购买行为。
尊重需求	用户执着地购买某产品，在购买过程中获得他人对其身份、地位的认同，并因使用该产品被打上该产品的文化标签，例如风靡全球的 iPhone 和果粉。
自我实现需求	用户在购买产品的过程中，将自己的价值观、审美融入其中，这些意见逐渐转化成了产品的提升策略，促使产品不断趋于完善。例如小米手机的卖情怀、参与感。

在移动互联网时代，企业若不能从上述几个需求层次着手，即便认认真真做销售，也难以满足用户越来越多的个性化体验。

★ **打造移动互联网时代的用户体验**

在移动互联网时代，销售产品的思维脉络应该是：

- 如何打造通往线上渠道的线下产品？
- 如何打造通往移动端渠道的线下产品？
- 如何打造通往移动端渠道的线上产品？
- 如何打造通往线上+线下渠道的移动端产品？

要想实现这一过程，就应该从用户体验着手，至少应该先满足以下两个层次：

层次1：让用户尖叫

首先，"尖叫"是用户基于产品的最感性的认知；

其次，"尖叫"是用户的本能反应。

尽管"尖叫"是由用户发出的，但实际上和用户关系不大，"尖叫"更离不开企业的努力。对用户而言，当企业将产品的用户体验打造到极致，从产品质量到性能、功能、特点都近乎完美甚至带来更大惊喜时，上述的"本能反应"就会自然而然地发生。

层次2：让用户思考

如今，用户的口味越来越独特，也越来越刁钻。思考，意味着产品和用户之间有一个互动，这也是移动互联网时代的最大特点。互动意味着用户已经对产品产生兴趣，若渠道运用得法，用户很容易参与进来，为提升产品体验奉献一己之力。

此外，想要引发用户思考，应在产品设计的过程中，注意以下几个方面：

产品设计过程中的注意事项

产品设计	简要分析
营销策略	结合营销策略，提前想清楚如何营销、赋予产品文化。想让用户思考，很多时候要通过企业营销来引导。
目标用户	找准目标用户，接着再针对用户特点设计最符合用户需求的产品。例如在产品功能等方面增加能够体现用户特征的元素，引发用户心灵共鸣。
想好渠道	无论是销售渠道还是推广渠道，都要提前设计好。在渠道上总会有一些理念相似之人，在一起可以相互交流。

  如今，许多企业都在讲"极致用户体验"，却忽视了用户本身的需求。想得美好、说得好听就是做到"极致"了吗？

  极致用户体验不是闭门造车，而是经过一轮又一轮的改进、优化，甚至在用户经过一定时期的体验过后，才会发现真正的"用户体验"。例如，微信推出新版本前，通常会邀请一小部分用户参与内测，其目的不只是检测产品的质量、功能、性能，更是检测其是否符合用户的需求，这种体验绝不仅仅是企业单方面做好销售就能产生的！

4 为什么花天价广告费却依然得不到用户的认可

美国定位理论之父艾·里斯说过:"广告不是一项能带来回报的投资,广告是一种保险。"

可是又有许多企业不懂得广告的内涵、营销的本质,不知道如何打广告,以至于还没看见推广效果,口袋就瘪了,没有更多的广告费可以挥霍了。这些企业不清楚:广告费都浪费在哪儿了?为什么花了天价广告费却依然得不到用户的认可?

首先我们应该清楚,营销的本质是传播。

在互联网时代,靠企业点对点单方面的传播策略,往往意味着高昂的成本和过慢的速度。

★ 广告不是决定消费者购买的唯一因素

今天,并非谁花钱越多,谁的广告就做得越响亮,名声就越大,消费者就越买账。

说白了,广告是你为了维持品牌在消费者心中的地位所付出的代价。

实质是对品牌进行维护而不是塑造。

即便你砸了天价广告费也未必会有回报，因为它只是保护你的品牌免受竞争的打击。

因此，广告的核心功能是传播信息，而非带来销售。

如今都在讲"内容为王"，其实是要让用户和各种传播渠道都参与到传播中来，制造话题。当然，内容也只是掌握"话语权"的一部分，巧妇难为无米之炊，单有渠道、内容或传播策略都不能"称王"。

除了广告，企业的宣传推广还应该包括以下内容，缺少任何一个方面，用户都难以买账。

步骤1：制定内容

了解你的受众，探索用户的真实喜好，知道用户喜欢什么、媒体和渠道喜好什么，你才能更有针对性地进行传播。

步骤2：找准渠道

想清楚目前的渠道你的受众目标是否都在上面，其在某一领域有着怎样的影响力，以及这些渠道会被哪些渠道二次传播。

步骤3：二次传播

适当使用某些引导性的内容或者奖励在原有基础上进行二次传播。

总之，在没有获得流量以前，销量也就无从谈起。我们应先学会与用户做朋友，再让用户帮我们找流量。这一思维，决定了企业能否将用户个人集中到某个渠道，再进行深度营销，最终转化成销量。换句话说，先打造一个鱼塘，养了鱼才有更多的鱼吃，而不是以单次的销量、销售额甚至砸了多少广告费来作为渠道运营的最终目的。

5 为什么即便做了市场细分却依然锁定不了目标

如今,老少皆宜的、走大众路线的品牌越来越少。基本上都在细分。这就给传统企业发出一个信号:消费者已经变得阶层化了,曾经的"大众脸"已经不适合"大众"了,今天的市场细分也不再是单纯地圈定某一地域,而是精耕渠道。在不久的将来,渠道之战还会愈演愈烈,这也是全新市场竞争格局的可怕之处,否则你就很难精确锁定目标,留住用户的心。

★ **客观看待你所处的环境:你不是壮士,也无须"割腕"**

近几年,由于我国市场创新动力不足、产品质量的同质化和批量化生产,目前已经形成了市场竞争过度甚至无序竞争的状态。

同行业之间往往为了争夺有限的市场,不惜相互压价,挑起价格战。这种"壮士割腕"式竞争的结果,让转型中的传统企业两败俱伤,血流市场。

尽管转型的理念已被大多数传统企业接受,但是大部分人对市场、渠道的认识和理解还比较片面。很多人将渠道简单地与销售、推销的转变画上等号，心想别管我通过什么方式，只要卖掉产品、冲上销量就是转型了，就占领市场高地了。

殊不知，很多传统企业本身的渠道能力有限，此类假想不仅无益于市场疏通，还会降低自己的渠道开拓能力。更有甚者，干脆无视自己所处的市场环境，以至于在渠道拓展的过程中问题连连。

企业无视所处的市场环境带来的问题

问题	描述
市场细分不到位	很多企业为了拓展更多渠道，吸引更多用户，开始以市场差异化作为突破点，开辟新的细分市场。然而寻求差异化的手段却不科学，仅仅纠结于理论和概念上，细分市场的结果并不乐观。中小型企业本身"船小好掉头"，却因为没有深入了解市场、量身定制便突击进攻，导致市场划分并不合理，开发了过多的产品线，结构相当复杂。
失去原有市场优势	不少传统企业的产品通常是在本地孕育起来，土生土长的特征使得市场渠道遍布各地的网络非常密集。但是新的市场格局令更多家大大小小的竞争群体涌入同一片市场，与你共享丰富的资源，你原有的优势自然会削弱。
难以被市场接受	在新环境下，传统企业本身产品相对单一的弱势变得更为明显，即便是投放优势产品参与市场竞争，仍遇上生命周期或质量等各方面的障碍，被压迫下可能迅速走向没落，一败涂地。即便开始尝试改变原来的渠道规划，在实践中也难免面临更多无所适从的问题。例如，由于自身能力不足，渠道能力弱，组合单一，很难被市场认可。

市场的日益成熟和规范，也为渠道运营创造了新的利润空间。在互联网时代的市场竞争中，每个企业都应该寻找自己的方式去维护和建设自己的渠道，通过专业化的渠道操作，发现属于自己的市场空间。

方式 1：健康的渠道系统

渠道转型就是要求企业从维护到管理都要有一个良好、健康的运营体系，让上下游渠道更为牢靠，从而具备核心竞争力。

从前，传统企业通常是充当"守株待兔"的角色，坐在门店里、坐在批发市场里等客户上门。只知道客户是你这里的，至于客户把货品最终卖到了哪里、卖给谁，则一无所知。

所以，渠道转型首先要做的，就是要跟进系统中的各个环节，使之形成良性循环。

方式 2：重新定位渠道关系

在传统渠道的厂商关系中，商家处于弱势群体，一方面由于在和厂商博弈关系中，商家属于占有各种资源相对较少的一方；另一方面则是因为商家在很多情况下放弃了对于主导权的争取和把握。大部分商家已经从观念上认同了自己作为厂家追随者的角色，从而让出了很大一部分属于自己的影响力和决定权。

渠道化运营的第二步，就是努力地在渠道方面创造并且享有更多的话语权，从而让厂家了解到你的"存在"和"影响力"，在厂商关系博弈中维持相对的地位平衡和互相制约，将价值链进行更多的优化，从而增强竞争优势，否则，渠道的建立就没有任何意义。

方式 3：渠道多元化运作

刚开始走渠道多元化道路时，关键业务依然是运营的重心，这是不能改变的。搞好关键业务，确保每年能带来利润，企业才有了立足之本。如果将来新进入的行业的利润超过了原来的主业，就可以把重心转移过去。对关键业务的"抽血",要有个度,绝不能让它因"失血过多"而丧命。否则,就会得不偿失。

方式 4:渠道成员共担风险、协同运作

不少企业在渠道期间开始关注于风险管理,尤其是面对前途未卜的渠道的时候,厂家通常会两手一摊:"你来吧,我让你赚钱,但是风险也是你的!"这样的企业往往连合作都会面临困难。包赚不赔的生意已经很少了,除非苹果和微软这样的国际品牌。

有风险才会有利益,高风险一般意味着高回报,而低风险则意味着较低的回报。当市场需要投入的时候,"利益一体化"的原则提示渠道的各方:既然大家同坐一艘船,必须"同呼吸、同命运",最终才有可能一起存活下来。

方式 5:渠道供应链整合

"木桶理论"[1]说明,供应链的效率是由最弱的供应链成员决定的,而不是由最强的供应链成员决定的。在一个渠道相对弱势的供应链体系中,无论企业具备多么强大的实力,都很难将品牌影响力和产品销售力发挥到最大。原有渠道模式的限制往往会引导供应链的升级进化。未来渠道运作重点必然是考察供应链体系,并不断整合、优化,最终实现全渠道营销,使渠道朝着有利于自己的方向拓展!

---

[1] 木桶理论:一只木桶能盛多少水,并不取决于最长的那块木板,而是取决于最短的那块木板。也可称为短板效应。

Chapter 2
销售链条快速反应：
　全渠道营销模式

```
销售链条 ─┬─ 销售互动链条上的 4 种关系
         ├─ 全渠道战略的 5 个关键要素
         └─ 全渠道模式的 4 个落地步骤
```

企业应打通的销售链条

1 捕捉销售互动链条上的 4 种关系

★ **线上与线下结合的 4 种关系**

在销售过程中,将线上渠道应用到线下并非想象中那么简单。

线上与线下的结合还包括几种不同的关系。

例如,有些渠道是从线上交易到线下消费体验;有些渠道是从线下营销到线上交易;还有一些比较复杂的渠道则是从线下营销到线上交易,再到线下体验,抑或反之。

关系 1:线上→线下

从线上到线下,英文 Online to Offline(简称 O2O),这是最常见的一种关系,表现形式是从线上交易到线下消费体验。

最具代表性的是几年前兴起的生活服务类团购网站,皆是通过线上平台完成交易,用户再到线下进行体验服务。因此,这一模式也一直被认为是互联网时代企业销售的主流渠道。

在这一关系下,还可以分成两类:

一是以去哪儿网、携程网为代表的在线旅游平台,用户通过线上预

订酒店、机票,再到线下入住酒店、乘坐飞机,如图所示:

去哪儿网 APP 线上预订[1]

二是用户通过线上渠道购买优惠券模式。例如,在线上购买麦当劳等商家优惠券,再到线下实体店去消费,享受相应的折扣,如图所示:

2016 年 9 月麦当劳优惠券打印页面[2]

1 图片来源:去哪儿网 App
2 图片来源:5iKFC 电子优惠券网

这一模式能将线上的用户吸引到线下进行消费，为线下实体渠道带来更多的用户，同时也让用户享受到了更多的实惠。

关系 2：线下→线上

在这一关系中，用户通常在线下扫描二维码，再到线上进行交易，也就是 Offline to Online 的过程。

最典型的例子是企业借助二维码进行营销。例如，在地铁站里、实体商店里，吸引来往的用户扫描二维码，到线上去交易，如图所示：

地铁站广告牌展示的二维码"虚拟超市"[1]

在传统行业中，保险业、航空业都算得上是从线下到线上关系运用者的先驱。

早在 2011 年，东方航空、中国国航、南方航空就搭建了网络平台，通过线上渠道，从前传统线下渠道给消费者带来的许多困扰得以顺利解决。通过直接针对具体用户的服务，航空业和用户各自满足了所需。

---

1 图片来源：大众点评网截图

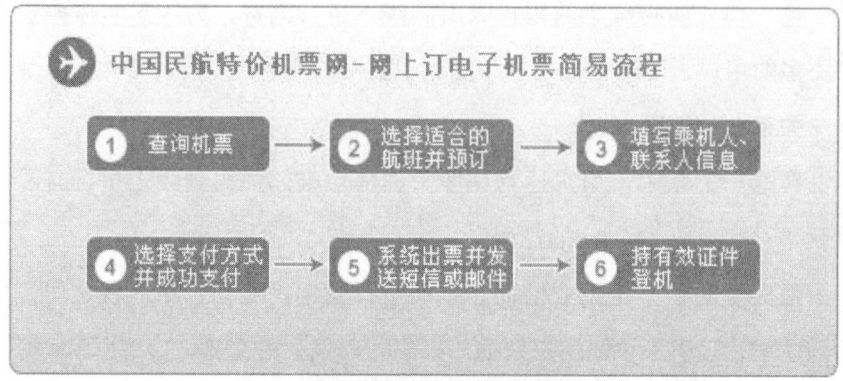

通过网络平台预订机票的流程[1]

此外,大众点评也颇具代表性。例如,你想买一双鞋子,那么,你可以先去实体店进行试穿,确定了款式和码数后,在店里通过手机扫描二维码,再到线上平台以更具优势的价格下单购买。

关系3:线下→线上→线下

在这一关系中,用户通过线下营销到线上交易,再到线下进行消费体验。

以我国三大运营商为例,逢年过节,中国移动、中国联通、中通电信这几家运营商都会推出许多营销活动,例如"预存话费××元送×××""办情侣套餐送电影票""校园新生开卡送××××"等活动。

这些模式基本都是在线下进行营销(如客服通过官方电话随机打给用户进行推销、线下营业厅的宣传以及办理业务时客服人员的讲解等),在线上完成交易,最后用户再到线下完成消费体验。如图所示:

---

1 图片来源:神州通航空票务网站截图

Chapter2　销售链条快速反应：全渠道营销模式

中国移动的充值优惠活动[1]

每天10点、15点限时抢购

iPhone 7

iPhone 7 Plus

中国移动预售 iPhone 合约机的活动[2]

关系4：线上→线下→线上

这一关系是指用户通过线上交易、营销，到线下消费，再到线上进行消费体验的过程。

现在这个模式运用得并不多，但在未来或将会爆发。

1 图片来源：北京移动官方网站截图
2 图片来源：北京移动官方网站截图

例如，《魔兽世界》这款游戏与麦当劳合作。《魔兽世界》的网上玩家在麦当劳实体门店参与"《魔兽世界》麦当劳积分活动"，就可以领取积分，兑换《魔兽世界》的许多虚拟道具和物品，这样，一来用户在线上网游的角色和能力都会获得提升。如图所示：

《魔兽世界》与麦当劳合作[1]

无论是上述哪一种关系，始终都离不开"线上"和"线下"，这是因为，二者在销售链条快速反应过程中发挥着重要的作用：

线上＋线下渠道在销售链条快速反应过程中的作用

作用	简要分析
利用线上消耗库存	典型的代表是很多线下服装专卖店、超市每到换季时都必须上新，此时就可以将滞销品拿到线上以低价出售，避免造成库存压力，同时解决了线上、线下渠道冲突的问题。
线上产品区别线下	许多线上的产品是区别于线下渠道的产品的，我们通常将其称为"网络特供"，以吸引线下消费者到线上去消费。这也是很多大型企业采取的品牌策略。
线上弥补线下不足	不少传统企业的产品，不可能完全覆盖全国各地的城市。在一些没有经销商的地区，线下的消费者就无法购买这些产品，甚至连品牌的名字都未曾听过。那么，企业就可以通过这一方式弥补线下的不足。

---

1 图片来源：魔兽世界官方宣传截图

（续表）

作用	简要分析
线上带动线下奔跑	这一模式主要是针对企业价格较低的中低端品牌，通过线上来带动线下销量，通常是以线上为主。
线上提升品牌为主	这一方式不是以带动线下销量为主，而是以为线下品牌做推广为主，通过线上渠道来提升品牌的曝光度和知名度，主要适用于线下市场冷清的品牌。
线上线下价格一致	这种方式通常比较保守，只有那些对渠道有很强控制力的大企业才能做到。大部分企业采取的还是线上优惠于线下的价格。
线上活动增值线下	这是未来解决线上、线下渠道冲突的重要解决方式。线下产品与线上渠道联合推出某些增值产品，再通过线上活动拉动线下消费体验。
线上线下互动协作	用户通过线上渠道下单，再到附近的线下实体取货，或线下实体商家通过快递送货上门，这也是目前大多数传统企业转型的方向，通过线上线下互动协作，进行深度融合。

2 重塑全渠道战略的 5个关键要素

网络上曾流传过这样一则笑话:"欧洲第一大零售商、全球第二大国际化零售连锁集团家乐福于1995年进军中国,许多人第一次看见这样的大卖场——琳琅满目的商品让人目不暇接,而且和一般的百货和街铺不同,人们看不到现场结账或管理的人,于是以为商品不要钱而大肆抢购,有人拿了新衣服更换身上的旧衣服,有人干脆打开食物包装吃了起来。结果,所有人离开卖场时都被卡在了收银台,到那时才知道,刚才的行为全部都要买单!"

这则笑话到底是不是真的,我们不得而知。

但家乐福招商部总经理对于中国的这种消费文化却感触颇深。他说:"对我们来说,进军中国渠道市场是全新的体验,很多在国际上适用的拓展经验和消费理论在这里都行不通。因此,我们在拓展中国市场的初期,是在一边学习认识,一边调整策略。"

家乐福高层的话给了企业以启迪:在进军中国渠道市场的过程中,他们也曾在迷雾中摸索。无论是谁,规范化的渠道运营都需要从零开始学起。

★ 重塑全渠道战略势在必行

如今，传统渠道的弊端日益显现：

- 各项费用增加了厂家的经营风险；
- 结款账期漫长，资金周转率降低；
- 企业经营的不确定性导致死账、呆账……

因此，重塑全渠道战略势在必行，它有以下 5 个关键的要素：

要素 1：用户

很多传统企业的渠道设计都不是以用户为中心的，而是为了占领市场。

今天，很明显，老一套观念、策略已经不行了。

企业要重塑全渠道，首先要和你的用户链接在一起。

接着，分析企业现在的盈利模式，预见未来，寻找你的用户，了解他们的偏好变化，并对他们的变化进行渠道设计，实现企业的盈利增长。

在这个过程中你可以尝试为用户画像，具体步骤是：

为用户画像的具体步骤

步骤	简要分析
相关准备 收集数据	首先，要确定用户的类型、研究设计方案、确定调研提纲。这一过程中，应尽可能地找出最大范围的不同用户，以及可能存在的各种用户类型。
归纳整理 处理数据	把收集到的大量意见、事实整理成详细资料，并按照相似度进一步归纳整理，同时将关键信息做成卡片。最后，进行更高层次的汇总，直到思路渐渐清晰。

（续表）

步骤	简要分析
画像框架特征描述	当你的"画像"有了大致的轮廓后，就可以将其中的某些重要特征描述出来，罗列重点内容，形成基本的用户框架。
确定画像排列顺序	做每件事情都应该有一个优先级。此时要做的就是和市场、产品等部门一起完成用户画像排列优先级顺序的工作。可以根据使用频率、市场大小、收益潜力、竞争优势等方面来排列。
后期整合细节工作	为目前的画像加入一些场景描述，将抽象化的描述具体化，让"画像"更丰满，更具真实性。

要素2：文本

文本不仅可以带来流量，对于渠道拓展还有很重要的意义。

在人们越来越追求个性化、新颖性和多元性的今天，单纯的文本信息已经无法有效吸引消费者的眼球。在创新求变的移动互联时代，渠道拓展需要借助文本、图片、音频、视频等多种内容展现形式，实现与消费者之间的全息化交互。简单来说，就是借助文本、图片、语音、视频等多种信息展现形式，在有限的空间内为用户提供更加多元丰富、个性新颖的场景内容，从而吸引用户的眼球，激发用户参与进来。

例如，新版本的微信，在文本传输之外，又增加了图片、语音、视频等功能，丰富了用户的聊天内容，为其提供视觉和听觉上的服务。此外，用户除了可以单独和朋友交流之外，还可以在朋友圈转发、转载以及@好友，相互分享信息。

微信系统的图片、语音、视频功能

事实上,渠道建设的核心也是帮助用户进行自我解构的一个过程,加入更多对产品的理解,使用户与自己的心灵形成碰撞,这样一来,就产生了对渠道产品的信赖和归属感。

要素3:场景

互联网时代,瞬息万变。企业只有拥有敏锐的洞察力,才能在下一波浪潮来临之前优化、调整自己的渠道,乘风破浪。

在传统营销理念中,我们经常把"渠道"挂在嘴边。而今,我们更提倡"场景"。二者到底有何联系呢?

所谓场景,就是厂家/商家/企业为用户打造的场合和购物环境,以便满足用户的不同需求。

场景包括渠道内场景和渠道外场景,前者即通过线上、线下各种固定渠道产生交易/购物行为;后者即在渠道之外产生交易/购物行为。例如,用户通过微信达成购买意向,再去线下付款完成交易行为,这就属于渠道外场景。

场景不只有购物场景,还有广告场景、传播场景等。而在销售渠道之外的广告渠道、传播渠道,也都属于场景的概念。

再比如，滴滴和快的的竞争，其本质可以看作是阿里巴巴和腾讯在支付场景上的角力；小米在自己智能硬件"帝国"崛起的同时，从没停止构建一个用户能使用小米手机进行各种操作的场景；腾讯游戏得益于其重视社交场景的建设对游戏性的影响才如此成功；陌陌之所以能够突破微信的重重包围杀入华尔街，根本原因就在于它能够帮用户构建一个和微信截然不同的陌生人交友的场景；而阿里巴巴则通过自身完善的生态服务每时每刻地在构建支付宝的支付场景……

成功的渠道必定有着适合企业发展的构建场景的方法论。万变不离其宗，所有的方法都会遵循几个核心原则：

构建场景的几个核心原则

原 则	简要分析
具体的细节	携程曾经和太平洋保险合作在其 APP 上销售航班延误险，但是销售量并不如意，主要原因就在于携程营造的购险场景不够具体，对用户的推动力不足。
自然的过程	例如，360 手机卫士在用户收到流量不足短信提醒时，会引导用户进行流量包购买，这种构建流量包购买的场景非常自然，让用户更容易接受。场景的构建应该顺理成章，要在用户觉得合适的条件下来触发，而不能够无中生有。
可利用的触点	即使你有一个非常完善的场景体系，用户只要不主动使用，这些场景就不会对用户产生任何影响。而在用户的使用环境中，其实存在着非常多可供场景化利用的触点。比如，位置信息、通知栏消息或短信都可以作为场景化的触点。因此，构建场景，还要引导用户养成移动支付的习惯。

要素 4：渠道

如果一件东西，从网上买和从实体店买是一样的，而且网店还更方便，送货到家，那为什么不从网上买？

电商的出现，让一部分人的消费愿望变得更加强烈，这些每天在公司里用电脑上网的人，如今也可以通过电商去购买衣服、零食等自己需要的东西，只要通过操作电脑，自己需要的东西就会送货上门。这种新出现的渠道模式带来新的消费需求，所以，电商的不断增长是意料之中的事情。

以往的线下交易型消费模式，逐渐转向线下的高端消费和体验式消费。这是传统渠道能够做出的正确应对。

例如，电商能够替代粮油店、超市，但是永远代替不了现烤现切的烤鸭和西式大餐。用户可以在电脑上购买电影、电视剧、零食，但是永远不能代替和朋友在电影院看电影买爆米花带来的体验。

即使电商再火爆，奢侈品也鲜少进入电商领域，这些商品很少在网上销售，这不仅源于坚持，也源于奢侈品购买中的体验。

同样的还有汽车，短时间内，汽车是难以从线下转向线上的。

可见，线下消费并没有灭亡，而是从一种形式转移到另外一种形式。这是传统渠道受到冲击后，做出的正确举措和应对——既是线上渠道对传统渠道的冲击，也是我们所处的环境、社会从工业化、商品化到服务化的转型。

要素5：战略

在百度搜索"战略"，你会获得以下结果：

"企业战略是对企业各种战略的统称，其中既包括竞争战略，也包括营销战略、发展战略、品牌战略、融资战略、技术开发战略、人才开发战略、资源开发战略等。当一个公司成功地制定和执行价值创造的战略时，能够获得战略竞争力（Strategic Competitiveness）。

"一个战略（Strategy）就是设计用来开发核心竞争力、获取竞争优势的一系列综合的、协调的约定和行动。如果选择了一种战略，公司即在不同的竞争方式中做出了选择。从这个意义上来说，战略选择表明了这家公司打算做什么，以及不做什么。

"当一家公司实施的战略，竞争对手不能复制或因成本太高而无法模仿时，它就获得了竞争优势（Competitive Advantage）。"

从以上描述中，我们可以获得以下关键信息：

- 战略是关于"公司打算做什么，以及不做什么"的；
- 战略既需要有"战略竞争力"，还需要有"竞争优势"。

那么，企业在渠道建设过程中，如何确定"该做什么、不做什么"？如何获得"战略竞争力"和"竞争优势"？

关键1：价值主张 VS 商业模式

有些企业做渠道建设会有这样一个误区：只要产品够好、服务够完善、技术够强，那么就会有客户来买单。

这种错误思维几乎是致命的，这也是很多中小企业对战略感到迷茫的原因：明明有足够好的产品，也有优秀的技术、很强的服务，为什么渠道就是做不起来。

实际上，市场需求和你的产品好不好是两回事，世界上有很多非常炫、非常酷的东西卖不出去。

答案很简单：没有市场。没有市场，客户不需要；或者企业没有让客户意识到他们需要；或者有更能满足客户需要的东西。

Chapter2　销售链条快速反应：全渠道营销模式

而定位好价值主张，找到适合的商业模式，是战略成功的开始，也是渠道建设的开始。

关键 2：盈利模式 VS 成本结构

你能带给客户价值，不代表你能在某一渠道上赚到钱，因此，仅仅有价值主张和商业模式是不够的。

有盈利的可能性和真的能盈利完全是两码事。

盈利需要有合理的盈利模式，还需要有良好的成本结构。

盈利模式考验的是一家企业的渠道运营和销售模式。

仔细核算下你的成本结构，也许企业还有很大的提升空间。

许多企业最终面临倒闭就因为烧钱太厉害，赚钱不给力，企业的成本结构不合理。

总之，渠道建设是一个系统而又复杂的大工程。战略实施在整个渠道建设体系中又起着至关重要的作用，所以，它亦是一个较为复杂的体系。除了上述几点，企业还应根据自身发展的实际情况来合理制定战略，包括战略支撑、组织架构、执行落地等方面，使之成为紧密相连的体系，为企业的渠道建设与运营不断提供后续推动力。

3 打通全渠道模式的 4个落地步骤

打通全渠道，需要一个"导流"的过程。除了线上（Online）与线下（Offline）渠道，在移动互联网时代，又多了一个移动平台（Mobile）与新电商（O2M）渠道。

★ 线上、线下与移动平台的落地

如今，传统渠道的弊端日益显现。

步骤1：整合线上（Online）流量

对于线上渠道的调整应以企业自身掌控的平台为基础，对各种合作的线上平台做出全面调整，才能最大限度地引流。

这一引流体系的搭建通常有以下几个步骤：

线上引流体系的调整

步骤	简要分析
搭建起来	搭建一个线上引流平台，通常是一个或几个企业官网，或是宣传平台，或是销售平台，例如独立运营的电商平台。这是线上引流的核心所在，后续的几个步骤都是围绕这个平台展开。

Chapter2　销售链条快速反应：全渠道营销模式

（续表）

步骤	简要分析
引导回来	利用搜索引擎等推广方式，将流量从线上引到企业所在的具体平台上来。
再发出去	进一步扩大企业线上平台的影响力，以企业网络平台为中心，打造网络广告、社会化营销、电子杂志等内容，甚至也可以将线下的信函和传真通过网络平台发出去。当然，发出去不是最终目的，而是要通过发出去的信息将流量引回来。

步骤2：整合线下（Offline）流量

对线下资源的整合，是保证其他渠道流量入口的关键。主要包括企业形象的优化、门店引流的整合、线下活动与事件营销的推进。

整合线下资源的具体方案

方案	简要分析
优化企业形象	这涉及到企业形象识别系统，也就是Corporate Identity System，简称CIS，指的是为了更好地向消费者展示企业品牌、传播品牌价值，使其对企业产生一个符合企业设定的价值导向的认知，从而使消费者对企业产生基于现实认知的好感，并接受企业的文化和品牌价值，引导购买。
整合门店引流体系	在互联网时代之前，线下门店管理会员的方式主要是通过会员卡。这种管理方式的缺陷是，企业单方面的行为难以引导用户进行互动。例如，从开卡到录入资料、发送优惠信息都是企业一方面在操作，而用户在被动接受。现在我们可以不用卡片，而是使用移动端的电子会员卡，用户可以通过扫描二维码来主动录入自己的信息，形成互动机制，这样更易实现引流。
推进线下活动与事件营销	线下活动除了可以在门店里搞，也可以到门店外进行。不少大型企业更是通过一系列的事件营销、话题炒作等方式，一方面增加品牌的曝光度和知名度，另一方面实现向企业所属线上平台、移动平台的引流。

步骤 3：搭建移动（Mobile）平台

当线上与线下流量来到时，用什么来接受这些流量，并在哪里将这些流量进行深度维护，最终转化成销量？这就要搭建好移动平台，通常有以下两种方式：

搭建移动平台的方式

方式	简要分析
App	层出不穷的 App 应用是移动互联网风潮的产物，它们的出现使人们的消费方式、生活形态都发生了巨大的变化。商家也看到了移动平台所蕴含的巨大商机，使其变成广告的主要投入载体，这种智能化的移动平台已经逐渐成为影响企业渠道未来走向的重要因素。
Wap 网站	Wap 网站推广与传统网站的推广引流大同小异。例如，传统手机推广，包括群发短信、手机邮件推广等；社会化营销推广，包括微信、微博等各种社会化营销平台的推广；Web 网站流量导入，通常是企业的 Web 网站，在醒目位置添加二维码，或者利用专门的推广频道和专题来引流。

步骤 4：确定 O2M 落地动力机制

O2M 指的是一种电商新模式，即通过线上线下的互动营销，目前以 Offline to Mobile 的渠道营销为主，线下实体店负责顾客体验，移动手机端做好顾客服务。而动力机制则是指推动 O2M 落地的运转机制。它包括引流、转化、传播三个方面的内容，只有将流量引到移动端，才有可能实现最终转化，而在转化的过程中，只有做好服务，用户才会参与到传播中。因此，三者缺一不可。

O2M 落地动力机制

内　容	简要分析
引流	引流，就是将流量引导到平台上来。具体步骤是： 第一，找流量。通常情况下，流量是分散开来的，要想引流就要知道流量在哪里，找到属于企业的精准流量。 第二，要搭建一个渠道，将流量引导到自己的平台上来。通常这时会设计一个教育、说服用户的过程，甚至要先给用户一些好处，才能有效引导用户。 第三，当平台有了流量后，就要进一步进行深度维护，以留住来之不易的流量。
转化	转化，是指使原本与企业没有任何关系的流量，变成企业的忠实用户、会员的过程。 要实现有效转化，就要满足用户各个方面的需求，例如，物质需求、心理需求、精神需求等。
传播	传播（企业本身和用户都属于传播者），即通过某一渠道将信息传递给受众，并引起一定反响的过程。用户是否愿意参与其中，主要取决于你是否为用户制造了感动、意外及认同。

Chapter 3
线上线下相连"敲"开新市场：
　　　全渠道深度融合

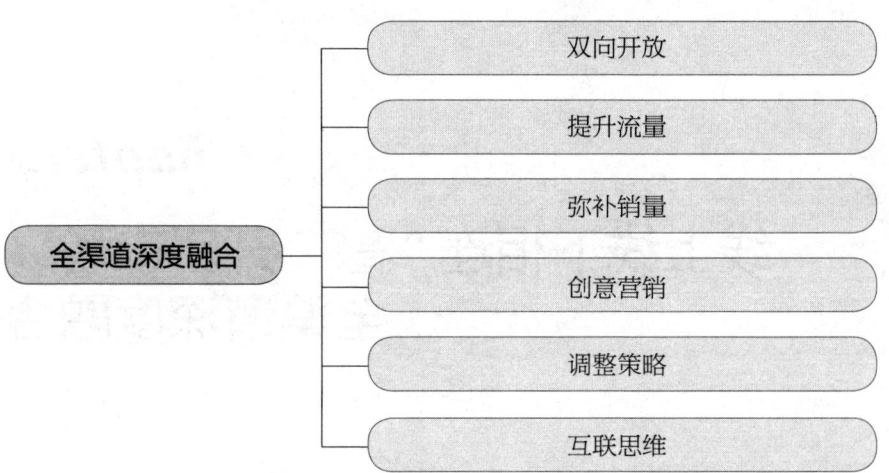

全渠道深度融合

1 双向开放：线上与线下的深度融合之道

随着移动互联网的发展，传统渠道转型，打造线上线下相连的全渠道深度融合模式成为企业发展的必然趋势。在这样的情况下，如何打造一个全面融合的体系对传统企业的发展至关重要。

★ **双向开放：开启线上线下全面融合的全渠道模式**

互联网的本质是开放的。基于此，渠道建设也应该是双向的——不仅仅是从线下到线上，也要从线上到线下。不管哪一种模式，目的都是满足用户的需求，使品牌价值在线上与线下渠道之间自由、流畅地转换。

线上线下全面融合指的是：

打造线上线下全面融合的全渠道模式

深度融合	简要分析
线上横向全渠道	这一渠道模式主要通过线下引流路径、授权线上分销渠道、搭建线上自营店等多种销售体系，实现自己卖、他人卖，带动线下卖。
线上+线下立体全渠道	搭建包括实体店、互联网、移动互联网等在内的协同销售体系。同时，线上与线下之间的区隔与融合是重点工作之一。

为什么企业要构建线上+线下立体全渠道模式？

先来看看以下几个常见场景的用户"流失黑洞"，再对比反思一下，您的企业占了以下几条？

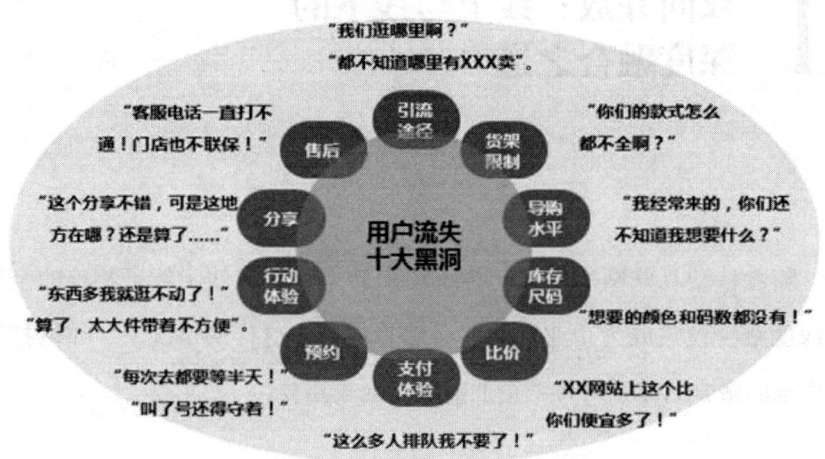

常见场景下用户流失的十大"黑洞"

上述每个流失的"黑洞"，都会继续扩散、传染，对企业品牌的发展造成难以估量的长期的损失。就算你加强对线下的控制以及对线上渠道的补充，"黑洞"已经产生，弥补往往也是于事无补。

在移动互联网的大趋势下，用户已经由传统电商时代的线下抑或线上一分为二，变成高度融合的状态，其特点是边界越来越模糊。识别并统一管理用户，是提升企业整体渠道水平、中和"黑洞"的关键所在。

因此，不管你的线上或是线下渠道水平有多高，只有打通线上+线下立体渠道体系，才能适应环境的变化以及用户更多的个性化需求，在未来的发展中脱颖而出。

那么，我们该如何打造双向开放的全渠道模式呢？

步骤1：全渠道规划

企业应根据所处的行业趋势和自身特征，判断实施全渠道的可行性和必要性。

接着，设计与之相适配的全渠道模式，设定全渠道目标和计划，设计未来的进阶路径。

步骤2：全渠道打造

全渠道打造的几个方面

内容	简要分析
构建线上生态	主要包括跨平台多个生态体系之间的应用整合，以及互联网平台生态体系用户互动、支付端的整合、内部的引流等。
优化线下生态	原有进销存管理体系的梳理和系统对接，有效货源的控制能力分析和改造整合，线下调货配货能力分析和提升等。
打通线上与线下	用户、价格、库存、支付、渠道等数据的打通，以及对具体数据的挖掘分析等。

步骤3：全渠道运营

根据活动留存的线上用户数据，以及线下活动的策划、具体落地实施，进行综合分析，同时指导后续的产品迭代和渠道运营。

2 提升流量：
聚焦社区与本地化服务

互联网时代，渠道的发展有两大趋势：

一是线上销售规模仍在继续增长，而移动端占比在递增式扩大；

二是线下的规模增速在放缓，基于移动互联网的线下交易规模增速加大。

而在有了线上线下销售渠道之后，本地化的社区服务有了更大的发展优势。

线上、线下连接的是用户，想要获得用户，就要提升流量，聚焦社区与本地化服务，点亮社区，提升本地化服务。

★ 打造用户消费的乐园

互联网+让我们轻松地融入一个个相互连接的、可自由出入的公共社群，而在互联网+时代，网络社群营销备受关注，它是基于圈子、人脉等概念而产生的模式。

这种模式可以简单地理解为，通过将一群有共同兴趣爱好的人聚集在一起，把一个兴趣圈打造成为"消费乐园"。

聚焦社区其实就是一个口碑传播的过程。通过微博、微信、论坛等线上平台，利用产品最有特色的一些元素塑造口碑，会聚人群，口碑再扩散，良性循环下去，最终积沙成塔。

社区中用户之间的关系是紧密相连的

在数学领域，有一个有意思的猜想叫作 Six Degrees of Separation，中文翻译为六度分割理论或小世界理论等。

该理论指出：你和任何一个陌生人之间所间隔的人不会超过六个，换句话说，最多通过五个中间人你就能够认识任何一个陌生人。如下图所示，这就是六度分割理论，也叫小世界理论。

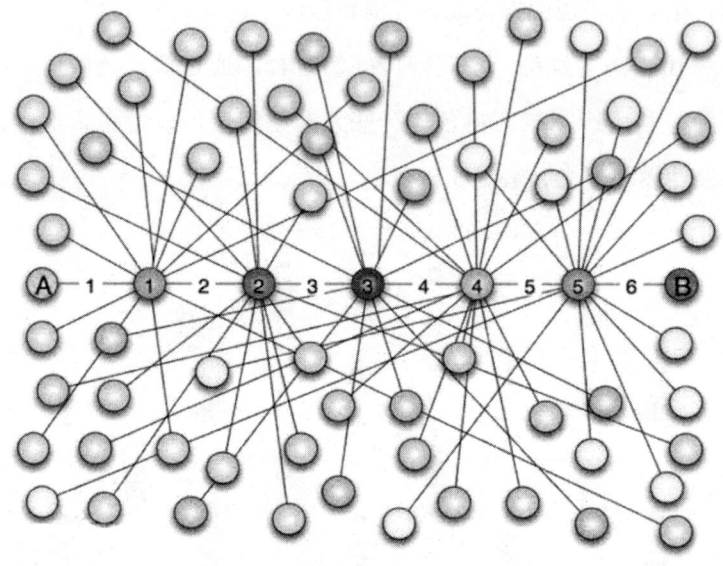

六度分割理论示意图

如今，从 BAT[1] 大佬到创业者，从传统相关行业到互联网各方相关势力，都在试图抢滩社区。再比如，作为物流行业的龙头，顺丰进军社区有节奏、有野心，从布局顺丰优选到顺丰嘿店，顺丰首先就把握了社区的两个命脉，生鲜配送和实体店。此外，以万科为代表的房地产大佬也纷纷热火朝天地玩起了社区活动和交友等。

但是，聚焦社区用户与研发一款打车软件不同，并不意味着你是土豪，肯砸钱，就能改变用户的习惯。提升流量不能一蹴而就，不同社区的资源都是一步一个脚印整合出来的。只有线上与线下一同协作，才可能真正改变社区用户的生活方式和服务品质，从而吸引用户关注。

---

1 BAT：指百度、阿里、腾讯三大巨头。

在今天，媒介产品的生产者致力于在用户与媒介之间形成一种新的、更加依赖的关系。

用户在购买内容产品时，除了考虑该产品的实用性，往往还考虑能否满足与其他用户之间的交流互动，所以，在这样的前提下，社区除了能够进行产品与品牌的推广，还能在内容生产方面发挥作用，经营方也可以用它来整合多样化的产品。

这就要求企业将社区与服务内容融合成一体，满足用户的多样化需求，使用户对媒介产品的依赖性逐渐提高，同时加强与其他用户的关系。

1. 找到你的社区用户群

从理论上来说，产品的受众群可以很宽泛，比如化妆品可卖给女性，也可卖给男性，但我们一定得从宽泛的群体中寻找到最重要的、适合的、消费力度最大的用户群体，这就是你要找的用户群体。在利用社群营销时，一定要圈定你的用户群体，依据他们的特性去制定推广策略，以求实现营销的精准性。圈定了目标后，就要知道他们的购物路径，了解他们的原始需求是什么，痛点在哪儿，最在意什么等。

2. 对传播内容进行多渠道扩散

找到了用户群体，制定了优质内容，接下来就要研究传播的渠道了。如果没有好的渠道，你的内容再多、服务再好也是枉然。所以，一定要寻找到合适的传播媒体来为你助力，如网络平台的自由撰稿人、合作伙伴的各种推广渠道、签约，或者是合作的行业意见领袖、你的忠实粉丝和订阅者，唯有寻找到全体效应的媒介，推广才能展现出效果。

如今，信息碎片化很难在一个渠道里获得成功，唯有多渠道地进行传播，如短期活动植入、付费频道插播、关系营销介入、短信电邮电话、月刊、社媒活动等，至少要有三条共同功效内容的渠道，才能更有效地扩大传播效果。

3. 开发本地增值服务，优化社区用户体验

当前传统企业在渠道拓展时，主要面临着两个不利局面：

一是很多传统企业的移动APP在整个移动客户端中排名落后，缺乏核心竞争力；

二是移动客户端的市场竞争显然比传统企业间的竞争更为激烈，不仅有同行业的比拼，甚至还要面对其他领域（游戏类、娱乐类客户端等）的冲击。

传统企业进行转型，是移动互联时代不可扭转的趋势。在今天，基本上稍有影响力的传统企业，都建立了自己的渠道。但是，企业渠道的成功显然不是简单的平台转换就能实现的。众多传统企业客户端的推出，也只是将以往印制资讯的竞争转移到了线上平台之中。而且，由于移动互联网的无边界性，这种竞争将会更加激烈。

面对这种全球性、多领域的竞争，传统企业的移动客户端就需要转变思路，为用户提供更多生活服务信息，以优化用户的应用体验，吸引更多的人参与其中。

例如，《南方都市报》就曾借助2010年广州亚运会的契机，在iPad上推出了"广州亚运指南"App。该客户端基于LBS服务，不仅满足了手机用户及时获取亚运会信息的需要，还为他们提供周边的旅游、交通、餐饮、住宿等多种增值服务，大大优化了用户体验。

该客户端在推出不到一周的时间里,就在体育收费类的 App 中排到首位。

总之,不断探索新的渠道,发现有效的盈利模式,是传统企业转型的关键。

总体而言,传统企业需要适应移动互联网时代的市场特征,努力为用户提供更加全面丰富的、个性化、专业化的新闻资讯;同时,还要突破内容上的局限,结合社区的本地化特色,注重用户的参与体验,为本地用户提供多元化的生活类即时服务。这样才能有效吸引更多的用户,探索多渠道的盈利模式!

3 弥补销量：
开辟空间再战移动电商

电子商务，简称"电商"，这一渠道创新性地完美地解决了层级的问题，过去分级的批发商，已经被电子商务渠道消化，企业的销售渠道也因此发生了巨大的变革。例如，从品牌商到电子商务渠道下的自平台，再通过自平台直接跟消费者建立关系，简练地完成了系统的循环，使整个渠道被良性地压缩。

★ 企业的理想状态：成为全渠道电商

全渠道是指利用所有的销售渠道，将消费者在各种不同渠道的购物体验完美联结，从而达到最大化消费过程的愉悦性。

全渠道既掌握电子商务固有的优势，也具备线下门店的优势，要做到全渠道，传统企业就必须在各个渠道、各个终端，给消费者提供一致的消费体验。

传统企业转型互联网＋做电商，内外部都要做到协同。

外部协同要求无论客户购买什么、怎样购买或做出何种选择，企业都要在客户面前有一致的表现；内部协同则要求打破职能部门、产品机构、业务单位和地区部门的桎梏，建立起一个不分别存放在职能部门、产品机构、业务单位和地区部门中的客户和产品信息的统一数据库，来促进企业内的业务协同效率。

传统企业要根据客户在全渠道电商形态下的购买行为来改变产品、业务单元和区域导向的组织架构，单一渠道独挑大梁的时代已经过去了。在打造全渠道电商、开辟新空间的过程中，要注意以下几个层面：

1. 供应链层面

互联网＋时代的最大优势，在于这个时代可以支撑大规模、社会化、实时化的分工与协作，并且能够极大地提高消费者、企业和企业之间的协作效率。互联网＋将原来产业关系架构的金字塔结构或链状结构压缩成扁平化的平面，从而使个性化需求能够更直接地触发各家企业之间的协同，最终组成高效价值网。

当最初的线性供应链被互联网＋改造成信息驱动的网状协同的价值网，一种分工与协作处在全新高度的社会化供应链体系的建立也就呼之欲出，这种情况也可以理解为重构供应链。这里的重构可以理解为在供应链上将原本必需的某个节点去掉，或者颠覆两个或多个节点的位置、顺序。

企业只有完成供应链重构，才能成为真正的电商企业。早期的电商是单向的传输，比较简单，实际上就是线上做广告，把消费引导至线下，比如一家公司在门户网站买个广告位，就算电商了。

而现在的O2O则具备两层含义：

- 符合传统意义上的电子商务特性,把线下的生意搬到线上去做;
- 线上收集并聚合消费者的需求来影响线下的生产和销售,比如团购。

未来最有价值的电商模式,注定是能够精准聚合消费者个性化需求进而优化供应链端的电商模式。举例来说,C2B模式既可以大大降低制造业的成本,又可以高效提升服务业的服务体验价值。

供应链具备天然的社会化协作属性,所以当下的供应链形态正面临着如何转型互联网+的巨大挑战。

要提升用户体验就要优化产品,为了优化产品,产品团队要做很多事情,比如数据监测、数据分析、竞品分析等,得出需求结果再交给设计师,最后让设计师把需求转化为可用的功能和良好的体验。

而随着用户诉求的不断变化,设计也要不断优化,但设计师怎么才能在不断变化的用户诉求中判断自己的设计是否符合用户的需求呢?最好的办法就是使用情景与动作分解。

2. 情景还原

所谓情景还原,就是指设计师通过多重分析模拟出用户的使用行为,还原情景需要设计师从用户的角度思考问题,不然只能算是闭门造车,并且不能够代表用户真实的需求。

怎么才能站在用户的角度来了解用户真实的需求呢?

可以从两方面来还原使用情景解决这个问题:环境情景和人文情景。

情景还原的两个方面

两个方面	简要分析
环境情景	环境情景就是用户身处的周边环境，其中包括自然环境和社会环境。自然环境是指用户所处周围的自然因素，如温度变化、海拔高度、光照强度、昼夜变化等；而社会环境是指用户所处周围的人为因素。
人文情景	人文情景就是用户在使用产品时候的行为状态以及心理感受，用户使用产品时通常有以下三种状态： 在碎片时间里使用产品—— 如：等车无聊时使用产品。 在多任务情景下使用—— 如：做家务的同时使用产品。 在单一任务情景下使用—— 如：用户支付产品涉及到自身的资金账户信息安全，通常都会专门腾出时间来使用产品。 产品是为大多数用户服务的，但也要考虑到特殊群体，为特殊群体设计更能体现出对用户的关怀。比如：微信为中老年人设计的双击文字放大功能，就很好地体现了人文关怀。

4 创意营销：
销售一件胜过一百万件

2012年，广药集团将王老吉商标收回。

2013年1月31日鸿道集团子公司加多宝集团被广州市中级法院下达诉中禁令裁定书：停止使用"全国销量领先的红罐凉茶改名为加多宝"或与之意思相同、相近似的广告语进行广告宣传的行为。

但是，在加多宝输掉"广告词"官司之后的短短两个小时之内，加多宝便在官方微博连发四条由一组平面创意配以文字组成的微博做出了回应。

其中，主角是四位像是被夺走心爱的玩具那般委屈而号啕大哭的天真可爱的小男孩，且画面中还配以"对不起"的诉求，从而让受众能够即时地想起加多宝与王老吉的商标之争以及二者刚刚落下帷幕的"广告词"官司。

这次"对不起体"的创意营销有两点目的：

一是让更多不同领域的人能够深入探究加多宝与广药集团之间的品牌纠葛以及事实真相；二是让人们不会因为结果上"加多宝收到诉中禁令"

而下定一些简单的结论。

这次成本极低的"对不起体"创意营销从影响和结果来看,成功地帮助加多宝摆脱了市场竞争中的消极品牌联想,并且极大地提升了其品牌的美誉度。

"对不起体"趣味化的创意表现方式也成功地解决了消费者对加多宝和王老吉"不分彼此"的问题,进而让更多消费者加深了对加多宝的记忆。其后,又通过多位网络意见领袖的关注、全国多家媒体对此次事件的报道以及众多其他品牌的参与和模仿,进一步提升了其品牌的领导力。

★ 创意营销:让销售变得更容易

一次漂亮的创意营销,不仅能带动销量,且销售一件的效果往往胜过一百万件,因为人们更容易记住有创意的东西。

加多宝的创意在于:

加多宝的创意营销

内容	简要分析
视觉冲击	其在第一时间完成的"对不起体"营销带给了受众极其强烈的视觉记忆点,且采用通过微博媒体平台的扩散,使网友能够更加方便地参与讨论和广泛分享。
市场洞察	加多宝通过这场创意营销敏锐地实现了对消费者和市场的洞察。
媒体平台	互联网时代以微博为代表的微媒体迅速兴起,导致如:报纸、杂志、电视等传统媒体的受众和影响力急剧下降; 品牌舆情的主体在如今主要由用户在媒体上创造的内容所构成; 微博作为一个媒体平台具备更大也更灵活的创意空间。

(续表)

内容	简要分析
关键信息	消费者对于品牌纠纷、官司谁输谁赢基本没什么兴趣，而且传统的公关宣传接触多了可能导致消费者产生反感情绪； 消费者没有多余的精力去关注那些复杂的全部事实，他们需要的仅仅是一个简单的关键信息； 在消费者中普遍存在着强烈的参与表达的欲望。
品牌切换	加多宝之前在品牌切换上的大力投入，使其品牌具有较强的号召力； 由于两家企业旷日持久的品牌纠葛，已经让媒体及消费者有了一定程度的认知； 过去在类似问题的处理上，绝大多数企业的方式均很传统，缺乏精彩的创意内容和让人眼前一亮的营销方式。

加多宝在创意营销过程中，"深彻"和"逆袭"这两个有效回报率高的方式是被奉为圭臬的，但由于多数品牌更推崇"深彻"，使得整体缺乏个性，特点得不到鲜明的体现。

在市场中，由于品牌的同质化越加严重，导致传播的成本和投入都将越来越大。而加多宝借用"对不起体"营销对"逆袭"这一不同凡响的方式进行了很好的诠释，并且获取了良好的预期回报。

创意地融合线上平台，激发广告的二次传播力。任意一款较有创意的营销都离不开以下这些元素：

偷窥、懒惰、好奇、自负、健康、分享、娱乐、贪食、虚荣、嫉妒、善良、贪婪、愤怒等。针对每个需求点都可以创作很多的营销方案。

未来几年将是企业创意营销的兴起之年，创意将无处不在。

商业模式固然重要，创意的成败关键在于与产品的贴近程度，适合自己企业和产品、满足用户需求的才是最好的。

1. 购物方式改变促使营销策略转型

消费者购物方式的改变，也促使企业调整营销策略。

2012年，伦敦奥运会期间，Nike通过日本动画《神奇宝贝珍珠钻石》的片头曲，为热爱体育运动的用户推送相应的富媒体广告，而对于普通用户，Nike则会随机推送广告。

2012年，腾讯推出了MIND3.0社交战略，MIND3.0不同于MIND1.0和MIND2.0，它是一个开放的系统，通过多元化的手段获取用户的行为数据，从而进行分析、利用，构建出一个用户群，为用户提供差异化的服务，满足长尾需求。

随着智能媒体时代的来临，在未来，广告必将向视频广告、微博广告、无线广告、展示广告转型，而在中国，展示广告主要以视频贴片广告和富媒体广告为发展依托。

2. 创意分享与沟通策略

企业在为消费者提供参与广告创意渠道的同时，也更加重视挖掘用户的信息，利用大数据精准分析。日常生活中，用户所发表的评论、图片、视频、分享的音乐等都成为企业获取的对象。

可口可乐互动营销总监陈慧菱就曾说过，基于社交媒体的交流互动本质上是维系情感，而随着智能媒体时代的来临，情感交流将发挥更大的作用。

以消费者购买汽车为例，传统的方式是"阅读媒体——实体店查看——试驾——购买"，这也是大部分消费者都采用的方式。

5 调整策略：携 O2M 迈入大数据时代

大数据时代来了！

在 O2M 时代，大数据的应用正在影响着整个市场经济和商业世界的运作方式。无论线上还是线下，想要把握未来商业趋势，都要涉及大数据的应用。

何为大数据？何为数据思维？

大数据——Big Data，是指无法在可承受的时间范围内用常规软件工具进行捕捉、管理和处理的数据集合。互联网时代，每个人都是大数据的创造者，你在上网时留下的大数据日后有可能"出卖"你，因为这些数据跟踪了你的浏览痕迹。

在万物互联的虚拟世界，大数据不只是让你看的直观数据信息，重要的是通过数据分析实现预测和有效评估，从而把握事物发展的趋势，这也是我们应该掌握的大数据思维。

从 PC 时代到移动互联网时代，互联网的连接能力成长得越来越强，时空维度的不断拓展促进了互联网云计算及大数据的应用，而且开辟了物联网这个新领地。

未来，连接的势头仍将继续，连接一切终将成为互联网的主旋律。比如：美国最大的社交网站——脸谱、中国的腾讯等都将连接作为企业的使命。以商业价值的角度来进行分析，连接本身即可以产生经济效益，利用连接来拆除传统产业的篱笆与壁垒，进而促进融合与协作，打破信息不对称的掣肘，同时，通过连接产生的大数据将成为企业最为重要的资产。

★ 不掌握大数据思维就如同盲人摸象

《大数据时代》的作者维克托·迈尔·舍恩伯格说："大数据，决定企业竞争力。"

这句话并非危言耸听，他预测"企业竞争力并不是体现在庞大的生产规模上。已经拥有的技术配备规模固然很重要，但那也不是它们的核心竞争力，毕竟如今已经能够快速而廉价地进行大量的数据储存和处理了。公司可以根据实际需要调整它们的计算技术力量，这样就把固定投入变成了可变投入，同时也削弱了大公司的技术配备规模的优势。"

互联网时代，企业不掌握大数据思维就如同盲人摸象，上了战场也会以失败告终。反之就会百步穿杨，例如百度。

在2014年世界杯期间，百度之所以能"完胜"微软、谷歌，以62场42中的预测率在全球巨头中领跑，可不是只靠猜测，更不是请来玄学大师掐指一算的结果，而是依靠大数据的支持。

百度认为，影响着比赛结果的因素主要是主场效应、博彩数据、球队实力、大赛能力和近期状态五个关键因素。为了提升预测的准确率，百度将 2010 年南非世界杯期间的各种比赛数据输入其中，最终预测出淘汰赛的结果，与当时真实结果的相符度竟高达 75%。

在 2014 年世界杯赛中，百度搜索了过去 5 年里世界 987 支球队的 3.7 万场比赛数据，其中共包括近 3 万名球员，相关数据高达上亿条，并以此构建了足球赛事的预测雏形。

以预测德国与阿根廷这场决赛结果为例。

百度通过对五个因素的综合评定，预测出德国夺冠的可能性为 59%，而阿根廷则为 41%。比赛的实际结果，与百度大数据的预测相符。

百度依靠对已有海量数据的处理，在世界杯期间成了名副其实的"预言帝"。

大数据让我们从现实中看见了不远的未来。借助大数据，任何一个商家都可能消除消息不对称，精准找到自己的用户。

大数据的到来，让信息变得更加公平、平等。

1. 大数据是企业参与竞争的"天然优势"。

大数据像你肚子里的"蛔虫"，它让企业知道你对什么感兴趣、想要了解什么、要什么。大数据也是互联网公司的"天然优势"。利用这些数据优势，他们可以完成更多的事情。

互联网三大巨头，无一不是大数据思维的受益者。

百度的"可怕"之处在于它掌握着你所有的网上搜索数据。

腾讯的"可怕"之处在于它凭借 QQ、微信两大数据库，包揽了你几乎所有的关系数据和社交数据，你有多少好友、经常和谁联系等，它比你都要清楚。

阿里巴巴的"可怕"之处在于，知道你的交易数据和信用数据，对你喜欢或购买什么样的衣服、鞋子、箱包等商品，知道得一清二楚。

2. 大数据反映用户真实心声

大数据不仅是企业转型、参与竞争的天然优势，同时也是最强的竞争力，企业精准的营销完全可以通过数据分析判断用户需求来实现。如：消费者刚刚浏览或购买了一款风衣，网站会自动提示，并罗列出买了这款风衣的大多数顾客还买了其他什么款式；再如：消费者浏览或购买了一本郭敬明的小说后，网站会为他推荐郭敬明的其他作品以及与这部小说风格类似的书。前者是基于用户的喜好，而后者则是基于商品之间的关联度。

随着大数据的深度挖掘，未来可能出现更高级的情景：你想去网上购买一个歌手的CD，在登录网站后，还没等你搜索，网站已经推荐了两个你喜欢歌手的CD，并且还是你心仪已久的限量版。

总之，数据反映了用户的真实心声。把握了大数据，就是把握了用户的真实需求。

消费者想去网上购买一款产品，在登录网站后，不用搜索，网站已经把这款产品的诸多优秀品牌展现在他们的面前，为什么网站可以"知心"到如此程度？很可能是由于消费者曾频繁地搜索过这款产品的信息，或是在微信、微博中和朋友讨论过该款产品。

6 互联思维：重新定义用户消费体验

互联网化所要面对的最大难题就是如何养成互联网思维和习惯。

互联网思维有三个特征：万物互联、包罗万象、彼此互动。现代企业重新定义用户消费体验的一切都是基于这三个特征。

特征 1：万物互联

互联网思维的第一个特征是以万物互联为基准的。

人与人的连接从最早的依靠信件，到依靠电报，再到依靠电话，直到现在的依靠互联网。而互联网相互连接的发展也将经过三个阶段。

互联网相互连接的三个阶段

阶段	简要分析
第一个阶段	以使用者和电脑为主体，通过网线与其他主体连接在一起，这种连接叫作有线互联。有线互联网由于受到网线的限制，使用起来较为不便。
第二个阶段	以使用者与智能手机为主体，通过无线的网络与其他主体连接在一起。这种连接叫作移动互联。在这个阶段，使用一部智能手机就能与千里之外的其他主体连接在一起，这和有线互联相比已经有了长足的进步，但一个不可忽视的问题也应

（续表）

阶段	简要分析
	运而生，那就是人们对手机的依赖程度越发严重，仿佛手机已经成为了人们身体的一部分，许多情况下大多数人都会选择第一时间去取手机。可见，移动互联实际上并没有以人为中心，而是以手机为中心和主体。
第三个阶段	在未来，连接的方式将是超乎人们想象的，所有的人和物品都能"互联"，人可以连接物品，物品之间也可以相互连接，这种连接才可以被称为万物互联。将来某一天，如果你家中的冰箱会自己通知热水器来烧水，也不会是多么稀奇的事情。

发挥无穷的想象力和创造力，是互联网时代的重中之重。而不能紧跟时代步伐的企业，必将面临生存的挑战。

特征2：包罗万象

互联网的第二个特征是包罗万象：云计算、终端以及大数据都是为此而服务的。包罗万象不仅代表你可以获知互联网的一切信息，同时也代表着互联网可以获知你的一切信息。

在1834年电力革命的初期，如果一个企业想要用电，就必须自己建立一个发电站。同时又必须单独设立一个部门去专门管理自己的发电站，以此来保证企业的用电。

这一状况得到改变，是因为后来高压传输技术的出现。高压电力传输在将电力输送成本大大降低的同时，也将传输的效率大大提高，由此开始才逐渐形成了如今电力供应的模式。现在，都是由发电厂集中发电，通过电力传输网络将电力输送到千家万户，想要使用电力时我们只需控制电源开关就可以了。

而我们今天所面对的信息就好比电力革命时期的电力,当我们需要信息时可以通过使用硬盘、U盘、服务器等设备将其储存起来。而未来,信息的发展也必然如同当初的电力一样,所有的信息都会被集中到一个地方,在我们需要的时候轻易就能够通过网络将信息提取出来,这样不仅会使存储的成本大大降低,也更加方便了我们的使用。如今我们称这种模式为"云计算"。

将"网络终端"遍布网络各个角落,通过无线网络将这些终端连接到信息中心,将信息的读取和存储变得非常容易,使用者可以随时掌握信息情况,找到自己想要的信息,这种网络我们称之为大数据。

可以说,将云计算、大数据和网络终端三者结合在一起,这就是未来社会的网络模型。

互联网可以用三个词来概括:互动,互联,网络。无论互联网如何发展和进步,我们只要始终根据互联网的本质而产生思维方式就不会出错。在未来,每个人都可以是一个数据中心,人和人之间的连接、人和企业之间的连接都将是信息之间的交换。基于大数据,用户可以找到企业,而企业同样可以找到客户。

特征3:彼此互动

谷歌斥32亿美元的巨资收购了一家与自身毫不相关的做温控器的公司,正是因为谷歌意识到了温控器可以解决人和空调之间互动的问题,看中了这其中潜在的巨大的发展空间,才会花重金收购。安装了智能温控器之后,空调便会自动识别房间中是否有人,有人的情况下空调会自

Chapter3　线上线下相连"敲"开新市场：全渠道深度融合

动启动，并且调整到最合适的温度，甚至在每天不同的时间段空调所使用的模式也不相同，而当人离开房间之后空调则会自动关闭。

百度之所以能够做到今日的规模，得益于它所建立的搜索引擎解决了人和互联网信息互动的问题；阿里巴巴能达到今日的成就，得益于它通过电子商务解决了人与商品之间的互动问题；腾讯能够建立自己的企鹅帝国，也是基于解决人和人之间互动的问题。也正因为这样它们才能够被人们所接受和喜爱。

可以说，百度是人与互联网信息互动的平台；阿里巴巴是人与商品互动的平台；而腾讯是人与人互动的平台。而脱离了互动，就不会有这三大集团今日的盛况。

传统零售业巨头苏宁集团董事长张近东有一篇演讲，这样说道：

"苏宁不是一个传统零售公司，而是一家互联网零售商。互联网公司有互联网的玩法，苏宁正在自上而下地适应这种玩法，我们就是一家互联网企业。如果苏宁不融入互联网时代，一定会被淘汰。向互联网转型就是要做到从骨子里的改变。开放并不是一个简单的课题，必须要从企业根本、企业文化上突破。苏宁一定会开放，但这是一个渐进的过程，需要把握好这个度。我们要从骨子里去改变，去拥抱互联网，而不只是去追求一些表面的东西。苏宁确实真正在从骨子里进行转变，比如组织体系的变革、股权激励、技术研发投入、互联网人才引进、打造开放平台、在硅谷大笔投资研发中心等。我们在改变传统，以开放的心态拥抱最先进的互联网技术和人才，这才是互联网文化的核心。苏宁全面的互联网化，其本质上就是要按照开放平台的方式，把企业资源最大限度地市场化和社会化，从而集聚品牌商、零售商和服务商的资源与智慧，打造一个共赢的平台，为消费者提供最丰富的产品和最优的体验。"

苏宁转型互联网的本质，就在于重新打造企业经营价值链的各个环节时能够运用互联网思维——这也是传统企业重新定义用户消费体验的最高境界。

互联网思维绝不是产品连上网、具有网络功能那么简单，也不是简单的产品通过互联网渠道销售，互联网思维是一种拥有整套思考方式的体系。

总的来说，传统企业的互联网转型在经历了传播、渠道和供应链互联网化之后，更要经历和完成经营逻辑上的互联网化，才能最终转型成功。

可以说，在移动互联网强大的连接能力之下，一切产业皆能够互联网化。

产业互联网应该是典型的建立在移动互联网基础之上的价值、个性、共享、体验、粉丝和众包经济等。去中心化、去平台化，提供个性化服务的移动互联网时代为众多的细分行业提供了获得发展的机会。

★ 拥抱互联网思维，实现开放、协作、共赢

"互联网+"时代下，企业需要更多的开放、融合与协作精神，任何一个渠道想要孤立存在都是不可能的，并且都需要处在一个互联的世界里。打通渠道不是"零和游戏"，必须要通过开放、协作的方式，才能使利益相关者获得各自的利益安排。

1. 为用户创造价值

产业互联网化是价值经济的体现，为用户创造价值是首要任务。在

价值经济形势下，个性化的需求以及定制化的服务将是主要的生产方式和方向，生产者和消费者的参与和互动则是实现这一方式的手段和控制方向的罗盘。

2. 融合才能创造价值

产业互联网化进程中，无论是互联网产业，还是传统产业，都需要融合才能创造巨大的价值。融合必须具备开放、协作的特性，而取得共赢则是开放与协作的前提，如果没有共赢的机制，持续、长久的开放与协作也将不复存在，毕竟商业社会的核心是利益。在开放、协作与共赢的价值观下，去中心化、平台化的产业互联网化生态终将成为主流。

3. 以产品服务为中心

互联网＋背景下的产业互联网化，虽然是互联网与产业的结合，处于主导地位的仍是产业，互联网脱离了产业就会虚无缥缈，不存在任何价值。所以，产业互联网化，线下的产品与服务才是商业的核心，尤其在强调个性化需求及定制化服务的互联网＋时代，能够满足用户的体验、增强用户的参与度，好的产品和服务才是核心。因此，企业绝不能为了互联网化而轻视线下的产品和服务，只有互联网与产业齐头并进、默契融合的互联网＋才有未来。

企业的渠道建设和组织建设中要落实移动互联网时代的思维，就必须将互联网去中心化、开放、民主、自由、平等和分享的精神注入且发挥好。落实到行为上，企业围绕每一个鲜活的消费者，从道上，可以遵从"营造亲人般的爱"的四大法则；从术上，可以遵从"简约到极致"的 SIMPLE 六大法则。

企业拥抱互联思维之"道"四大法则

法则	简要分析
倾听	企业要把倾听当作一种责任、一种态度、一种习惯，像朋友一样去倾听粉丝的心声，通过粉丝的真实想法最终了解粉丝的心理诉求和消费需求，从而做出正确的判断。
价值	移动互联网已经颠覆了价值创造的传统规律，企业必须回归到商业的本质，才能真正找到用户的普遍需求，为客户创造价值。这种价值也包括，企业要为粉丝提供商品之外的人文、社交和情感价值。
参与	移动互联网同时也颠覆了现有的商业价值坐标体系和参照物。过去，传统企业自编自唱、自导自演，消费者完全没有参与，而参与感恰恰是粉丝经济的核心。移动互联网的到来轻易地颠覆了这种格局，单个企业或单个品牌的"个唱"在移动互联网上没办法站稳脚跟，而粉丝们人人热情参加的大狂欢才是大势所趋。
全渠道	传统企业的未来和希望在于全渠道，而移动互联网将成为全渠道中电商业务的主流渠道，移动互联网社交将会是全渠道的枢纽。企业紧随消费者的脚步，在全渠道为用户提供一致性的体验以及持久的情感连接是全渠道的核心工作。

企业拥抱互联思维之"术"六大法则

法则	简要分析
迭代	企业必须做到及时甚至实时关注用户的需求，快速、敏锐地捕捉和把握用户需求的变化，进而从细微的用户需求入手，最大可能贴近用户心理，并在用户的参与和反馈中逐步开发、改进。只有这样，最终的产品才更容易贴近用户。 有一种典型的互联网产品开发的方法论——"敏捷开发"，就是以用户的需求为核心，运用迭代、循序渐进的方法来进行开发，过程中允许出现不足，不断试错、纠错，最终在持续迭代中完善产品。
尖叫	企业需要把尽可能多的时间和精力投入到对粉丝的了解上，深入去了解粉丝内心的渴望。比如，到底什么样的东西既能够引起粉丝的情感波动，又能够激发出粉丝源自内心深处的好感。只有这样才能够把东西做到极致，超出预期，给粉丝带来惊喜的尖叫。

（续表）

法则	简要分析
个性	如今，消费者的需求发生了重大的改变，个性化需求以及个性化的消费主张越来越受到他们的重视，这种个性化的需求和主张在移动互联网时代，不仅可以彰显出来，更可以受到尊重。
精准	企业要借助移动互联网加速推进数字化进程，建立起及时、精准、多源的用户数据，比如，每个用户所有的购物活动等这样涉及到用户的一切数据，从而数字化每一个用户、每一件商品和用户的每一次购物活动，最终才能够还原每个用户的真实需求。企业构建自己的用户大数据平台，再根据每个用户的大数据，建立起自动化的个性化商品推荐系统，就能够做到为每一个用户提供精准、少量并且非常个性化的商品推荐。
简单	消费者能够停留在一个渠道里的碎片时间很有限，在短短的时间里，大量让人眼花缭乱的商品不仅未必能够吸引他、打动他，甚至会让消费者反感，错过的也将是你的宝贵的碎片时间。所以说，在大数据的前提下为每一位用户推出少量的个性化的私人货架商品最重要。
高效	简洁往往比复杂难得多，《疯狂的简洁》一书中提到简洁是应对复杂世界的武器，通常简洁也就意味着高效。消费者的购物时间越来越碎片化，这要求我们的流程设计要越来越简化，在每个消费者和与之想要的商品或服务之间用最短的时间建立起最短的路径。如果，消费者无论从哪个渠道进入，在找到他感兴趣的商品前，整个操作流程都不会超过三步，这种感觉一定非常棒！

Chapter4
全渠道阶段管理：卖产品还是基于用户关系网的信任营销

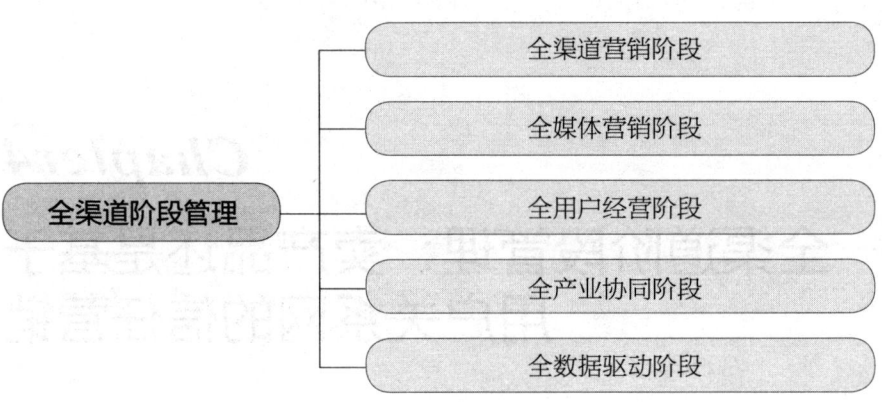

全渠道阶段管理

1 全渠道营销阶段：重新划分渠道间利益

利益关系始终是渠道之争的重点，否则，线上、线下的价格体系就难以区别开来。

在全渠道营销阶段，企业需要重新定义分销渠道，同时重新划分各渠道间的利益关系。

国美等家电连锁之所以会遭到极大的抵制，其实根本上就是过多地侵占了供应商的资源和利益，比如货款、毛利空间以及售后服务等，这就是协定双方或者多方关系时没有很好地划分渠道间的利益。

当然国美起初就看准了传统的百货商场在家电销售上的弱势，以及家电大规模普及时代的到来，这是国美之所以能够取得成功的根源。

后来，国美和苏宁连连向厂家示好，并且表示在进场费用、货款结算方面给予优惠，说到底也是渠道利益使然。长期、大量地占用供应商资金成就了它们"龙头老大"的位置。试想，如果国美们能够始终分配好渠道各个链条之间的利益，相信就不会招致如此多厂家的抵抗了！

★ "利益一体化"原则：分配好渠道各个链条之间的利益

互联网的诞生让企业的产品和服务都迅速走到线上，这样一来生产者与消费者之间的信息差被迅速抹平。传统的渠道也逐渐走向网络，导致线上、线下展开无界限的竞争。其中最激烈的争夺莫过于线上价格的持续走低，导致企业的产品售价无限接近成本底线。

在这样的背景下，企业要想更好地生存，永续盈利，就必须具备利益划分思维，构筑一条销售一体化的利益价值链，从而实现消费者、商家、生产商的共赢。

很多时候，我们暂时忘记了我们共同的目标是要服务好最终客户，只有让他们获得了超常的使用价值，我们才会获得应有的价值。这是一个放之四海而皆准的真理。

可见，供应链上的成员相互之间的逐利已经再明显不过，然而对于既有利益一致性又有利益冲突性的关系，尤其是一致性关系占主导的情况下，我们遵循"利益一体化"的利益分配原则就显得格外重要！

"利益一体化"原则的要点

要点	简要分析
意识到大家的利益不是孤立的	供应链各个成员的利益是真实地捆绑在一起的，这就要求我们每一个成员必须具有换位思考能力。利益一体化思维方式让供应链的每一个成员具备了系统、全局的观念。只有平衡、和谐的利益才能够确保供应链的稳定和不断进化。
明确供应链各方不是为了谋求短期蝇头小利	供应链各个成员是为了谋求共同的长远利益而走在一起的。因为要维持供应链的长期平衡和存在，必须建立在长期平衡盈利的前提下，短期内的暴利或者不正常获利常常会破坏供应链的稳定性和持续性。

当我们具备了利益一体化思维方式之后，整个渠道供应链的利润分配开始向着让供应链上的每一个成员实现最大化满意发展。

只有如此，才能让供应链上的每一个成员趋于稳定。否则，就会造成特定成员趋向于寻找更高价值和利益回报，这样必然会打破既有的供应链体系，从而导致现有的获利方无法维持现有的利益回报！

"利益一体化"的利益分配原则让渠道成员具备了相同的理念，你要做的就是要把理念落地，而不是任何一方的单方面政策或者所谓"规定"，只要是不符合渠道供应链利益一体化准则的，那么就必须制止和调整。

尽管每个企业的运作模式各不相同。但背离了"利益一体化"的准则，企业就可以考虑放弃合作，自建渠道了，因为这打破了渠道平衡体系的"不平衡"，逼迫着企业把更多的优势资源从渠道中转移！

2 全媒体营销阶段：各个媒体优势最大化

全媒体营销阶段的核心在于：

企业应尽量发挥每个媒体资源的优势，并将其应用到用户群体中，包括微博、微信、网站、EDM、电话、短信等都要尝试并有所侧重和区别，最终将各个渠道上的产品、服务通过媒体营销有效传达给用户。

★ 将媒体优势转化为营销驱动力

具体步骤是：

步骤1：设定媒体营销目标

企业在制定营销策略的时候，要保证与营销目标相一致，这样才能保证你所做出的每一步努力，都在促使你向最终的目标靠拢。

如果企业的营销策略在实施的过程中，对营销目标的实现起到了明显的促进作用，就很有可能会得到政府的重视与资金支持，从而更有利于企业目标的完成。

这里所指的营销目标包含低级指标和高级指标两种。

低级指标是指"评论""点赞""转发"之类的指标；高级指标是指网站流量、人气度、销售额等指标。而营销目标重点指的是一些高级指标。企业在努力完成这些指标的过程中，要积极采用明确的、相关的、有时限的和可执行的方法，保证高效率、高质量地实现目标。

既然媒体营销目标的设定是制定策划案的第一步，那么，设定有效目标就显得十分关键，我们可以围绕三个方面进行：目标是什么？目标完成的标准是什么？怎样完成目标？

比如，企业在微博上进行营销，首先我们将目标设定为：通过发表微博传递公司理念。具体的做法就是：每天转发5条相关微博。完成目标的表现是：微博的转发量每天超过20次。

步骤2：进行媒体营销评估

首先要知道，与自己相关联的社交媒体有哪些？你设定的目标市场被哪些社交媒体占据？如何在激烈的市场竞争中与你的对手相抗衡？在了解了这些情况之后，你才能有效制定出一份有针对性的营销方案。

通过一份结构清晰、内容明确的社交媒体评估模板，你可以有效完成评估。你要明确每个账号的运营主体、服务宗旨等。当你对企业进行评估时，评估应定期进行，从而保证评估的有效性与连续性。

报告虚假账户可以让你知道哪些品牌账号是虚假粉丝注册的，从而明确哪些账号应该更新，哪些应该注销。

在制定媒体策划案的过程中要注意对媒体使命的阐述，因为它会在以后的工作中起到有效的促进作用，主要有以下三点：

对媒体使命的阐述要点

要点	简要分析
提醒	时刻提醒你通过微博、微信或其他社交网络,努力完成你所设定的目标。
督促	不断督促你,让你在消极时、想放弃时,找回最初的自信与能量。
意识	帮助你清楚地意识到不是所有的社交媒体都适合做营销。不同的企业会选择不同的社交媒体。

为了写好媒体使命的阐述,可以利用国内知名的调研网对消费者的社交网站使用习惯进行调查,从而总结出哪种社交网站更受到消费者的青睐,在了解消费者的需求之后,在做使命阐述的时候就会有针对性、侧重点,从而帮助你更好地陈述。

步骤3:创建、维护媒体账户

媒体账户在完成评估之后,根据消费者的喜好,选择一个既能有效完成目标又符合消费者使用习惯的社交网络,创建媒体账户。如果已经有创建好了的账户,就尽可能地对它们进行更新并维护。

消费者会根据自己的使用习惯选择社交网络,所以,每个社交网络都有它的发展前景。你在创建媒体账户时,可以参照比较常见的微博、微信等网络的建立方法,尽可能地将自己的网络主页做得美观、简洁、重点突出,让人一目了然,只有这样,你的主页才会受到更多消费者的关注。通过多种网络进行交叉促销也不失为一种有效的营销方法。

步骤4:获取媒体营销灵感

如果你在媒体中拥有的客户很活跃,从消极的角度来看,这也说明你的竞争对手也很活跃;但从积极的角度来看,你可以从这些活跃的客户资源中获取大量的信息，以此来充实你的营销策划案。在创建媒体营销方案时，我们可以从竞争者、客户和行业领袖这三个群体中获取灵感：

创建媒体营销方案过程中获取灵感的对象

对象	简要分析
领袖	行业领袖作为该行业的杰出人士，他们拥有丰富的经验和创意，曾经设计出很多出类拔萃的社交媒体营销策划案，比如Tangerine银行、荷兰航空、红牛和塔可钟。各行业也都尽力效仿行业领袖，制定出符合自身营销目标的营销战略。刻苦钻研、积极采纳这些人士的意见和建议，从中获得灵感。
竞争者	我们可以通过了解竞争者是凭借什么样的优势来吸引客户的，以此来丰富我们的内容、信息，做到它所具备的优势我也具备，它所没有的特色我却有，只有这样才能在社交竞争中脱颖而出。
客户	通过了解客户喜欢的内容、措辞的方式以及其他的一些习惯，比如，了解你的客户是如何写微博的，然后尽量地去模仿、学习，并从中获取灵感。

步骤5：做出具体规划和日程表

好的内容是媒体营销脱颖而出的关键。

一般情况下，媒体营销方案由三部分内容组成：内容创作策略、内容归纳策略、编辑日程表。

其中，编辑日程表中应明确各种营销推广的具体日期以及具体的活动内容，而且要注意言辞得当、格式正确，从客户的角度出发，以满足客户的需求为目的。日程表的制作都是提前做好的，只有做好准备工作，才能更好地为客户服务。

编辑日程表示例[1]

步骤6：测试、评估和调整方案

在对媒体营销方案进行测试、评估的时候，可以根据你的测试能力，采用各种分析方法，尽可能地找出问题，从而对营销方案做出调整。

这里主要介绍三种方法：一是运用缩略网址服务对网站进行跟踪；二是运用Hootsuite的社交媒体分析学对一些成功案例进行分析；三是运用谷歌分析学对那些受到欢迎的网站主页进行跟踪。

其实，通过线上线下调查也是改善营销方案的一个好方法。在线上，你可以搜集社交媒体关注者、网站浏览人员等的建议，通过亲身体验，发现他们对营销工作有哪些不满意的地方，通过对这些人员进行深入了解，可以帮助你有效改进营销方案。在线下，你可以通过与客户进行交

---

1 图片来源：创业邦

流,了解营销方案是否真正促进了他们的购买,哪些地方做得还不够好,客户都会在与你沟通的过程中提出宝贵的建议。

制定媒体营销策划案最重要的一点是学会随机应变、随时更新。比如,当有新的营销目标出现时,你要把该目标纳入策划案中,从而做出调整;当现有目标完成时,你需要找到下一个目标,从而对应新的营销方案;当企业想要壮大规模时,你的营销方向、营销渠道都会随之发生改变。

所以,媒体营销方案不是一成不变的,而是可以灵活调整的。通过修改策划案,你才能将最新的趋势、观点融入里面,让团队在接下来的工作中有更明确的方向。

全媒体营销方案示例

方案/步骤	简要分析
选择媒体平台	媒体平台呈现出蓬勃发展的局面,多种类型的平台各有各的特点,平台的用户群体也有明显的差异,有的定位于高端用户,有的定位于普通大众,有的定位于企业的白领,有的定位于学生群体,企业要认真了解平台的特点,从而选择出与企业发展相匹配的媒体平台。 另外,平台的选择在精而不在广,选择过多的媒体平台会让企业无法凝聚力量,有限的资源被分散在各个平台,最后只能陷入失败的境地。
赋予内容价值	如果一家企业选择微信平台进行内容营销,那么企业就需要通过向用户分享具有较高价值的内容使自己从激烈的竞争中脱颖而出。 企业的媒体营销部门在平台上分享与企业的经营范围相关的内容、文章、图片、视频几种形式各有各的特点,也可以将多种形式相结合提升用户的阅读体验。营销的内容尽量保持原创性,当然能够以合理的表达形式将已有的资料进行重新整合,从独特的视角进行分析也能得到消费者的青睐。

（续表）

方案/步骤	简要分析
选择新鲜题材	题材的选择是内容营销的关键，在媒体上受到用户广泛关注的一般都是新鲜的热点事件，陈旧的题材多年以来被不断地重复使用已经让消费者失去了热情，企业做内容营销时注重内容的时效性，争取用最短的时间将一些时事热点利用起来成为内容营销的强大助力，达成获取大量忠实用户的目的。
运用营销手段	企业的营销推广部门要在掌握用户行为习惯的基础上进行内容营销，在合适的时间段进行品牌的推广，充分利用好用户在媒体平台上浏览信息的有限时间，使企业的信息更快更方便地被用户阅读。 简单来说，就是在用户流量比较集中的时刻调整资源配置加大营销的力度，在流量分散的时段进行次要内容的推广，从而提升营销转化率。
建立官方网站	建立官方网站是企业常用的网络营销形式。企业的官方网站是企业与消费者沟通的桥梁，同时也是企业的形象代言人。 企业可以在网站上发布最新的产品信息、公司简介、企业荣誉以及企业文化等内容，进行产品推广、品牌营销；同时，消费者也可以在官网上留言，反馈自己的需求，但实际上，很少有消费者会主动去搜索某个公司的官网。因此，建立企业网站的方式也就无法达到有效营销的目的。

对于传统企业而言，在全媒体营销阶段，应该充分发挥出自身的个性化特质和核心价值优势，精确定位自身，不断为用户提供优质的内容体验，以吸引和粘住更多的粉丝，扩散影响力。同时，在进行盈利创收时，还要谨慎平衡好内容生产与利益追求的关系，尽量兼顾内容质量与经济效益。既不能为了商业追逐而降低自身的价值追求，造成用户的流失；也不能忽视对渠道盈利模式的积极探索，以维持自身的可持续成长！

3 全用户经营阶段：链接用户长时间在线

在全用户经营阶段，你要做的就是多关注如何为用户提供可持续的服务，把用户长时间"链接在线"，使其进行多次消费。

这就涉及到产品的分类、快速迭代等因素，如果再结合对用户全生命周期、传播平台等的把握就能更好地管理用户。

★ **管理你的用户，实现一对多传播**

随着新传播渠道的兴起，以用户为中心的运营理念逐渐得到各个领域的认同，面向所有受众的大众传播已不适应时代发展的需求，而基于熟人传播的人际传播则成为新的传播渠道。

传播方式1：微信平台

近几年，微信公众平台成了企业推广的热门渠道之一。

微信公众平台是企业与用户交流的新的渠道，企业可以在微信公众平台上发布文字、图片、语音等，以此宣传企业文化、企业特色、产品功能，吸引更多消费者的注意。由于微信公众平台的传播方式是一对多，这就意味着企业可以将编辑好的内容一键发送给关注它的用户，实现大范围的传播。

由于微信自身的特性，用户的朋友圈都是他在现实生活当中的熟人，彼此容易建立信任关系。因此，用户会将自己体验产品的心得分享到朋友圈，同时也会受朋友的购物体验的影响去购买或是不购买某个公司的产品。而在新媒体时代，企业则需要充分利用这种熟人关系，树立正面的企业形象。

目前，已经有大量的企业因其优质的微信文案而吸引了大量的用户，并将这些用户变为产品的粉丝，形成用户黏性和忠诚度。同时，企业在微信中适度地植入广告，实现了较广范围的传播。

作为公众账号的运营者来说，除了保证公众账号的正常运转之外，还应该从用户的角度出发，思考和解决以下问题：

- 用户在实际使用产品的过程中会遇到哪些问题和障碍？
- 产品和用户的接触点在哪里，怎样才能将产品更好地与用户连接起来？
- 这一系列的产品有没有内在联系？
- 怎样将这一系列产品整合起来共同为一个目标服务？

利用微信平台经营你的用户

方案/步骤	简要分析
选择辅助工具	选择一款合适的辅助工具。微信后台的功能是有限的，一款精准实用的工具可以帮你节省更大的精力。

（续表）

方案 / 步骤	简要分析
信息数据转换	运营者除了要具备强大的目标群体调研能力之外，还应该具备将调研的信息数据转化成有形的东西的能力。实现这一点最好的办法就是交流，这里的交流并不是与用户进行漫无目的的聊天，而是在交流过程中能够抓住用户的实际需求点。
经常学习借鉴	提升产品运营能力最大的办法就是经常学习和借鉴，比如看看互联网三巨头、豆瓣、知乎是怎样运营公众账号的，同时还应该多看书，了解更全面、更专业的知识。
建立情感链接	每个品牌、产品，甚至是每一个微信公众号都有自己独特的个性，因此建立一个个性鲜明的公众号形象对于平台的运营来说也具有重要的意义。一个个性鲜明的公众账号形象可以帮助品牌在市场上树立一种旗帜鲜明的形象，并同其他同类品牌明显区分开来，同时也可以加深用户对品牌的印象，建立更深厚的情感连接。
创造更多价值	除了要向用户提供优质的内容之外，一个优秀的运营者还应该充分利用感性思维，掌握和理解排版、图片、色彩等设计知识，从而更好地编排公众账号的内容。运营者只有将运营的精神实质与设计的思维和理念充分结合起来，才能更好地运用各种操作技法，从而真正为品牌服务，创造更多的价值。

传播方式2：口碑营销

随着移动互联网的发展，消费者有了更为广阔的发言渠道。他们会将自己的购物体验以及对产品的体验等信息发布在自己的社交圈上，并引发好友的关注分享。因此，在新媒体时代，企业要想吸引更多的消费者，将用户变为产品的粉丝，就需要充分利用网络传播媒介，树立正面的企业形象，以良好的口碑成功营销。

传播方式 3：精准营销

1990 年，美国学者罗伯特·劳朋特提出了以消费者需求为导向的 4C 营销理论。而随着时代的发展，消费者在市场中的导向作用越来越明显，同时也拥有了更多的渠道展示自身的个性化特征，引起了企业的重视。

但是传统企业很难有效获取每一个消费者的信息，而新媒体的产生则解决了这一问题。企业可以通过微博、微信、QQ 等社交平台与消费者交流，及时了解他们的需求，不断改进产品，为其提供个性化、定制化的服务，从而实现精准营销。

传播方式 4：增值服务

除了广告业务，媒体网站还可以借助品牌的增值服务实现创收。因为社交网站的用户不仅包括个人，而且越来越多的企业和商家也开始加入到其中。商家通过与网站的合作，可以借助社交平台上庞大的用户流量，实现自身品牌的塑造推广；同时，媒体强大的互动整合运营能力，也为商家的品牌营销提供了有力支撑，并借此获得收益。

实质而言，不论企业采用何种盈利模式和商务模式，其最终都要落实到用户需求层面。因此，对用户经营阶段来说，最重要的是坚持以用户为中心的原则，不断完善服务质量，优化用户体验。如此，才能吸引和粘住更多的用户，为企业创收提供坚实的用户基础。

同时，企业还要明确服务定位和用户群体，以便有针对性地进行品牌增值服务，实现自身的盈利目标。

4 全产业协同阶段：网络平台打通产业链

在全产业协同阶段，企业需要通过做互联网营销，把外围的供应商融入进来，把整个的后端产业链拉到互联网平台上去。

★ 搭建平台，成为收门票的人

如今，越来越多的传统企业在转型过程中加入了平台搭建的行列——由传统销售模式到扮演某种特定角色的商业平台。在这个平台上，企业通过彼此互动形成共存的生态圈，"外人"想进入这个生态圈就得向你购买门票。

这样一来，你就不再只是一个参与者的孤立角色，同时还是一个收门票的人，实现"钱生钱"。

企业样本1：诚品书店

1989年由台北仁爱路圆环创办第一家开始，诚品书店就奠定了自己在业界的地位。

诚品书店在我国台湾的旗舰店，台北101旁边的信义诚品，其空间面积有四万平方米。

算下来一年租金就高达上千万元。这样的"天价"放在任何一家实力雄厚的大企业都不能"忽略不计"。而在这个传统书店难以生存的时代,一年的利润能交够房租就算没亏本了。

一家传统书店何以支撑起庞大的房租?

因为它有效借力了平台。

诚品书店是如何借力平台的?

策略	描述
商业地产平台	吸引优质商家安营扎寨,这些优质商家又为书店吸引更多顾客。
口碑效应吸引顾客	利用优越的地理位置和零售书城的口碑,诚品书店吸引顾客,接着引入艺术设计商店、美食街、精品特色小店等项目。
当"二房东"	自己保留一万平方米,用作自己书店的摊子,剩余的三万平方米做商场,租出去给其他商品品牌。

诚品书店搭建了自己的平台后,成了"收门票"的商家,可以用三万平方米的"商场"替自己赚钱,再也不用担心每年高额的房租。

企业样本2:四季酒店

在全产业协同阶段,作为服务行业的传统旅游酒店行业也产生了巨大的变革。社交媒体给了用户对服务的评价进行有效表达的载体。

一项全球知名的统计分析软件公司SAS与宾夕法尼亚大学联合进行的调查报告表明:用户评论在酒店行业的消费者决策中的影响力排在首位。而且自媒体时代的用户分享以及评论已经使行业的竞争逐渐

Chapter4　全渠道阶段管理：卖产品还是基于用户关系网的信任营销

从价格透明转向价值透明，想要保持竞争中的主动地位，酒店的经营者必须将影响用户评论的社会化媒体营销提升至决定企业未来发展命运的战略高度。

能够实时掌握用户的社交媒体平台成为旅游酒店业布局移动互联网时代的重要平台。通过了解用户需求从而生产个性化与定制化的产品，有效提升产品附加值，这也是打破目前酒店行业单一化、同质化的恶性价格竞争局面的重要手段。

四季酒店的品牌故事[1]

四季酒店在社交媒体平台上投入了大量的资源，并取得了良好的营销效果。在 Facebook 上与用户实时互动，拉近酒店与用户距离；在 Twitter 上举行了虚拟品酒会；在 YouTube 上发布内容，成为搜索关键词；和 Foursquare、Gowalla 合作进行基于 LBS 技术的 App 开发等，

1　图片来源：四季酒店网页截图

四季酒店在社交媒体上这一系列的全新尝试充分表明了四季酒店布局社交媒体营销的发展战略。

早在 2009 年，四季酒店就已经开始了酒店在社交媒体平台上的战略布局，而且这一年也是消费者对企业提供实时服务需求呈现爆发式增长的一年。

四季酒店借力社交平台的策略

策略	描述
专门的管理部门	四季酒店为此专门成立了社交媒体运营部门来管理企业在社交媒体平台的营销工作，从而使四季酒店的品牌文化通过各种形式在社交媒体平台上广泛传播。发展到今天，四季酒店已经在国际上各大著名的社交媒体上建立了公众账号，包括 Facebook、Twitter、YouTube、Tumblr 等，真正做到了随时随地地掌握用户的各种需求。
对各项数据的分析	成立专业的社交媒体营销部门对于旅游酒店行业做好社交媒体营销非常重要，有专业的部门可以及时地处理用户评论，通过对各项数据的分析可以找到酒店最大化收益的产品以及服务的组合，进而提升用户体验以及品牌影响力。
真实度与参与度	深知真实度与参与度是企业在社交媒体平台上获得成功关键的四季酒店的社交媒体营销高级副总裁 Elizabeth Pizzinato 表示：企业在社交媒体平台上进行品牌的推广营销，不是建立 Facebook 主页或是创建 Twitter 这么简单，社交媒体平台的营销需要让用户体验到真实度、参与感以及时效性，企业要投入大量的社交媒体资源来处理营销过程中可能会发生的多种形式的难题。
寻找自身不足	四季酒店通过对消费者在各大平台上进行的用户评论的搜集与整理，找到自身的不足，从而和消费者进行沟通交流，对于一些误解也能够给出一些合理的解释，通过和消费者建立的良性沟通模式找到消费者需求的重点，掌握消费者需求心理的动态变化，从而改善用户评论，和消费者一同努力共创价值。

回过头看百度、阿里巴巴、腾讯三巨头，哪一个不是通过拓展平台在吸金？

你可能会说，我们有技术、有产品、有创新，还怕没有销量吗？

你的技术、产品、销量会有三巨头厉害？

而平台思维无疑为传统企业提供了更多可能性。

那么，企业该如何利用平台的构建，实现全产业的协同呢？

构建平台、实现产业协同的要点

要点	描述
要不要自建平台	诚品书店能自建平台，你为何不能自建平台？ 要知道，连实体平台的大佬万达，在与阿里巴巴的厮杀中，都渐渐处于下风，难道你有了勇气就能顺利搭建平台？况且，大部分传统企业是一穷二白的"平民"，开微店都要借助微信平台，又凭什么自建平台？ 自建平台是一个复杂的过程，企业不仅要面对复杂烦琐的管理问题，更要面临一场血雨腥风的竞争，稍不留神，就可能壮烈牺牲，成了他人前进的踏板。
用户是第一生产力	和新建的网站一样，平台如果没有足够流量，所谓的模式与盈利都是无稽之谈。 例如，诚品书店并非单纯成为了平台，同时也是"用户"的聚集地。每年有1亿左右的消费者来到这个平台，贡献自己的荷包。一个平台若能拥有这么多的用户，活下去不成问题。 当然，对传统企业来说，你要做的不是模仿诚品书店，而是成为诚品平台上的那些"商家"，再借助诚品平台，成功逆袭。
产出内容和建立关系	用户在注意一个公司的品牌之前，最先是被商家的广告文案吸引的，因此，商家需要提高发布内容的质量，并及时更新，满足消费者的需求，从而积累粉丝，培养用户黏性和忠诚度。商家可以每天定时在微博、微信公众号上发布内容，也可以将视频上传到优酷等平台上，使消费者在各个社交平台都能看到产品信息。

（续表）

要点	描述
	随着互联网的发展，人们可以通过各种各样的方式展示自我，同时也可以在微博、微信等社交平台上发布内容，成为信息的制造者和发言人，甚至用户所发布的内容还会得到他人的赞赏、认可，获得世界范围内的关注。 互联网所带来的便利无疑为企业营销提供了新的渠道，但通过互联网营销还具有一定的风险。大量的企业运用网络营销，这意味着如果你的营销文案不够吸引人，那么便会被其他企业的广告淹没，因而也就失去了竞争优势。
导航不是万能的	未来企业的广告宣传端口，一定都会把自己的微信公众平台放到最显要的位置，但这并不意味着企业进行营销就必须依赖导航网。企业可以通过任何平台、任何渠道宣传企业的品牌，可以是官方的网站、微博，也可以是论坛、贴吧等社交平台。只要能展示自身，企业就可以通过它进行推广，建立自己的品牌，增强企业的影响力和实力。
海量的投放	企业在通过线上平台营销的同时，也要充分利用线下的媒体资源，如报纸、杂志、公交站牌、电视等平台，进行推广。 随着微信平台线上线下闭环的形成，微信公众平台已不仅负责产品的营销，同时还担负着市场调研、品牌传播、客户维护、客服咨询、售后跟踪等职能，从而吸引更多的用户，提高微信号的粉丝量。
活动的配合	虽然线上的推广有诸多优势，如成本低、效率高等，但过于依赖线上推广，则会影响企业的最终收益。因此，企业在推广的同时，也要兼顾活动，以举办活动的方式吸引大量的用户参与。成功运营的微信公众平台一定有策划活动的能力，并且有能力让粉丝自发传播，从而吸引更多的用户参与。

5 全数据驱动阶段：
尽可能开采数据宝藏

在全数据驱动阶段，主要是通过数据驱动来尽可能地开采数据宝藏，挖掘更多的用户。

这是因为，针对用户的营销始终是由数据来驱动，而不是靠人的经验来进行决策。在现实中，许多企业都守着"数据宝藏"无法开采，甚是可惜。

★ 精准投放、挖掘数据

2010年世博会期间，人流众多，爱立信公司为其提供人流信息服务，通过互联网获取场馆的人流信息，确保世博会有序举行。

随着Web3.0时代的来临，这种利用大数据检测的手段被广泛运用于各大领域。爱立信中国首席市场官常刚就曾介绍过这一技术："比如有人要在中关村地区开餐馆，那么选择一个人流比较集中的路段获取数据，就能分析出什么时间、什么位置、什么样的人群会出现在中关村，从而为餐馆选址与营销定位提供建议。"

除此之外，大数据检测也常常应用于商业决策，如快餐巨头麦当劳就曾利用这项技术进行店铺选址。

新时期，市场朝着垂直领域不断迈进，用户的需求呈现出个性化与定制化的发展趋势，复杂多变的市场需求下要完成内容与用户需求的无缝对接显然不能仅依靠单打独斗，需要基于相对成熟的大数据技术平台，这一平台的建设关系到传统媒体在未来市场发展中的成败。

大数据平台的建立除了依靠海量的数据支撑以外，大数据的分析与处理也是关键，处理过程要高效、成本要低廉，为了实现价值变现，要能通过多种支付渠道实现智能化收费。通过这种云计算技术的应用使海量的数据信息转化为具有潜在价值的知识，最后通过用户差异化的需求从不同的角度寻找出这些知识的应用方向，满足用户的多种需求。

2014年3月8日发生的马航客机失联事件震惊整个世界，各大媒体几乎都在关注这架飞机出事的时间、地点、乘客人数以及飞机飞行中的通信内容，而后随着相关细节的公布，人们对该架飞机的各种猜测层出不穷，整个事件变得相当复杂。

而借助大数据平台的分析，媒体可以对该事件的相关信息进行数据的收集与整理，最终得出最接近事实的结论。

大数据平台的建设相对比较复杂，在国内要真正实现这一平台的构建需要克服多方面的困难。我国的传统媒体在特有的体制影响下，一直呈现出规模小、分散化、实力弱等特点，同行业之间相互共享的信息内容十分有限，某一媒体投入大量精力所获得的数据，其他媒体还要再去进行重新收集，资源的大量浪费现象十分常见。

大数据时代，数据平台的建立需要有海量的信息共享作为支撑，媒体要进行的应该是按照不同的报道场景来以不同的方式进行多元化与差异化的数据发掘与分析，如果信息无法做到共享，那大数据平台的建立也将变得毫无意义。

传统企业的工作以信息的获取者为核心，他们的综合素质决定了信息产品的质量，但是这种方式和大数据时代的媒体特征显得有些格格不入，一方面海量的数据信息仅凭个人很难处理；另一方面信息获取者思维方式、信息处理能力的不足也难以应对大数据时代的客观需求。

传统企业完成与新媒体的深度融合在大数据时代显得尤为重要，二者的深层次融合将会使传统媒体克服技术落后、人才不足、成本较高的不足，同时有效解决新媒体在占有数据资源的选择上混乱不堪的难题。

传统企业的转型升级之路注定是要经过多重考验的，就目前国内企业的发展情况来看，这条道路的实现必须要有以下三个前提条件作为支撑：

- 搭建横跨多种类型的媒体的信息共享平台；
- 媒体之间真正实现信息的共享；
- 以市场规律为主导的信息共享平台实现稳定高效运转。

这些前提的实现仅依靠媒体的单一力量是不够的，必须要有国家层面上的相关政策的引导，使传统企业能够在完成舆论引导的使命下，更多地以市场的规律协调各个媒体之间的关系，最终完成我国传统企业在新时期的转型与升级。

步骤1：对接用户需求

如今的传统企业与互联网企业相比在用户体验上存在较大的劣势，

而大数据分析可以通过对数据的挖掘找到用户所关注的热点，从而为传统企业开发满足消费者需求的信息产品提供参考。

步骤2：数据可视化

当下的信息爆炸时代，人们对优质内容的需求在不断增加，媒体能够将可视化的数据以一种更加友好的方式展现在消费者面前显得尤为重要，当下可视化的数据市场有着极大的发展前景。

步骤3：相关信息引导

我国目前正处于改革转型时期，作为承担舆情引导重任的媒体业来说，做好舆情引导十分重要。

当前形势下舆情引导的压力很大，企业应该应用大数据分析技术发挥优质新闻内容发掘与传播方面的巨大优势，引导舆情向正确的方向发展，维护社会秩序与国家发展的稳定。而且做好舆情引导也能为媒体带来巨大的收益，人民网通过优质的舆情引导，信息产品每年创造的收益达到上亿元。

步骤4：服务企业决策

在海量的无关信息干扰下，企业的决策面临着较大的难题，企业迫切需要高质量的信息作为决策的参考数据，这也为企业渠道的转型升级提供了一条新的思路，如果传统企业能够克服自身在技术与思维方面的缺陷做出服务企业决策的优质产品，必将获得快速发展。

对于传统企业从业者来说，转型升级的真正实现最为关键的是构建基于大数据分析技术的综合信息服务平台，而这一任务的艰巨性也注定了企业渠道的转型升级还有很长的一段路要走！

Chapter5
连接一切的落地策略：在全渠道时代做成功、做成型，做出格局

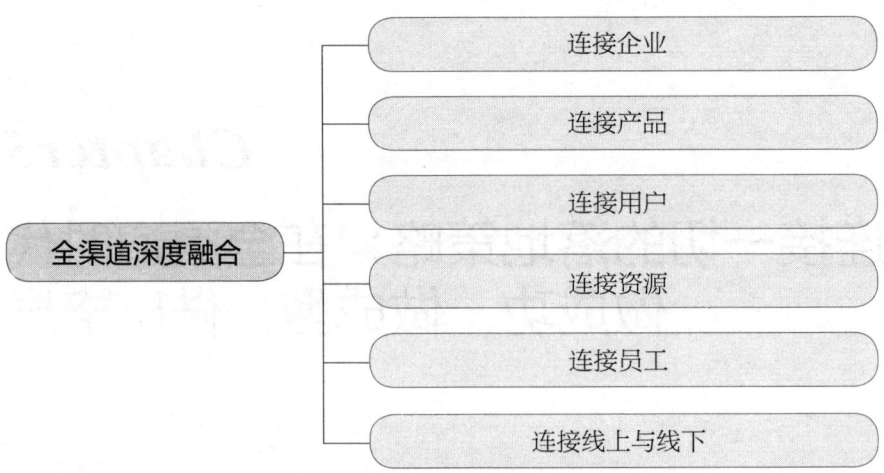

连接一切

Chapter5　连接一切的落地策略：在全渠道时代做成功、做成型，做出格局

1 连接企业：面对现实及时转型

或许在未来的某一天，我们将不再需要去企业上班，而企业也由多个"移动办公室"组成了一个"可移动的企业"。这意味着企业原有的种种模式正在被逐渐打破。

在外部环境已然发生变化的情况下，企业还一味固守以前的渠道模式，就很难逃脱被市场淘汰的命运。

无论多大的企业，如果不能在变化中迅速地调整自己做出有效反应，都会被消费者无情地抛弃。

这也是企业需要面对的现实。

那些曾经如日中天、辉煌耀眼的企业，在衰落的时候常常令人扼腕叹息。

★ 企业能否更好地生存，不由企业规模大小决定

几年前，诺基亚还是手机行业中当之无愧的老大，因为它的实用、耐用、样式多样，能满足不同阶层消费者的需求。甚至诺基亚曾经一度

成为了手机的代名词，在手机市场占据了大部分的份额。

诺基亚的质量毋庸置疑是有口皆碑的，各种各样关于诺基亚质量优越的段子有很多，其中以调侃用诺基亚砸核桃最为知名。

然而今时今日，诺基亚却成为了警醒众企业的警示灯，发人深省。过去常讲商场如战场，瞬息万变，稍有不慎即会满盘皆输，这句话放在今天依然适用。

诺基亚成立于1865年，有149年的历史，然而当它面对成立于1976年，仅有30多年历史的苹果公司时却毫无招架之力。苹果是如何打败诺基亚的？造成这种局面的原因是什么？其实，诺基亚并非被苹果所打败，诺基亚失败的原因完全在自身。处在市场迅速变化时期的诺基亚，没有应对市场变化做出快速的反应，导致了最终的失败。

诺基亚由盛极一时到黯然收场仅仅是几年的时间，我们应该深刻分析诺基亚的变局，从中吸取足够多的教训，从而当我们的企业面对市场变革、消费者心态变化的时候，知道该如何去应对以防止重蹈诺基亚的覆辙。

现在看来，诺基亚就是受到企业惯性影响而导致失败的典型代表。

1992年，诺基亚生产了第一款GSM电话，当时手机行业正处于起步发展阶段，市场机会众多，消费者对手机认知度比较低，诺基亚通过多渠道销往多个国家的覆盖型策略非常成功。不同国家、不同民族、不同肤色的很多人所得到的第一部手机都是"诺基亚"，在这个阶段诺基亚也找到了自己在手机市场中制胜的法宝：产品和通信的优秀质量，对渠道采取严格管控，不同价格段的高中低端手机全部覆盖，售后体系相当

Chapter5　连接一切的落地策略：在全渠道时代做成功、做成型、做出格局

完善。

然而，环境的变化让诺基亚曾经制胜的法宝不再有用。当手机进入智能时代之后，消费者对手机的关注重点放在手机操作系统上。苹果手机在2007年推出的iphone智能手机领跑了手机行业发展潮流。而诺基亚对苹果的出现没有足够重视，仍旧被当时良好的市场占有率所迷惑，没有意识到苹果手机将会给其带来一场巨大的危机。

诺基亚因为受到企业惯性的影响，在手机市场的变化中反应迟钝，诺基亚的制胜理念一直遵循以产品质量为核心，以硬件为重点的思想。这种理念导致诺基亚无论在企业文化还是组织架构上都以产品设计为导向。所以，即便诺基亚在智能机时代到来之前就已经意识到了软件的重要性，依旧没有在短时间内做出迅速的反应。要知道，诺基亚早在iPhone问世的10年之前就已经提出了智能手机的概念，并且在触屏技术领域诺基亚也领先了苹果3年。但就是企业惯性让诺基亚失去了抢占市场的先机。

曾经，诺基亚在中国市场使用了一种被业界称颂多年的全新渠道模式——FD模式。所谓FD模式，是指直接发展省级分销商，由省级分销商负责将诺基亚产品运送到下级或者城镇终端经销商手中，其中搭建物流平台的责任由省级分销商来承担。

省级分销商只负责对诺基亚产品进行运输和周转，而没有产品的定价权，相对的诺基亚一直掌握着产品的定价权，省级分销商获取利润的方式是通过诺基亚根据走货量进行返点。此种渠道模式对增加产品的销量十分有效，虽然单台手机的利润较低，但可以通过走量来获取总比更

多的利润，且周转迅速，省级分销商也正是通过走货数量返点获取利润的方式吸引了众多分销商的加入。

但是后来这种曾经帮助诺基亚成功击败摩托罗拉占领中国市场的渠道模式却状况频出：2010年第四季度，诺基亚因为对市场预期错误，减少出货量，导致市场缺货严重；2011年第一季度诺基亚将出货量恢复正常，但诺基亚手机却遭到了市场的冷落，大批量的货物积压仓库，分销商遭受重大损失；2011年第二季度分销商对诺基亚产品进行抵制，至此，诺基亚在中国的新型渠道模式尽显弊端。

当时，诺基亚对产品线一直使用的市场细分策略，如今也饱受质疑。尽管市场细分策略曾经让诺基亚在市场上所向披靡，占据了绝对高的市场份额，然而时过境迁，后来诺基亚在高中低端手机市场上皆遭遇强劲对手，导致其市场份额越来越少，利润空间也被不断压榨。单以中国的手机市场来说，高端市场被iPhone牢牢占据，中低端市场又被HTC、华为、三星等品牌瓜分开来。四面楚歌的诺基亚，最终无力回天。

诺基亚曾经的经验和习惯让其在一段时间内取得巨大的成功，但是当市场环境发生巨大变化的时候，这些曾经助其成功的经验和习惯却成为了它转型最大的制约。

★ **面对现实，及时选择适合企业的发展渠道**

在市场环境始终不断变化的情况下，企业只有时刻保持灵敏度，才能在万变的市场中立于不败之地。这也是任何企业都要铭记于心的。

认清以下四大渠道类别，根据自身的发展情况及时转型。

及时选择适合自己的发展渠道

类别	描述
传统渠道	现如今，传统渠道虽受到现代渠道的挤压，但传统渠道也并非一无是处。如果运营得当，依然能在未来几年内保持经销商的生命活力。其优势是：进入门槛低、物流速度快、资金利用率高、经营风险小、产品覆盖范围广。对大多数经销商而言，传统渠道的劣势更为明显，如产品价格难以把握、假冒伪劣产品横行、产品鱼龙混杂、利润微薄、网点分散、铺货量小、运输成本高等。正因如此，传统经销商更应该驶入转型的快车道。
现代渠道	现代渠道的优势很明显，如有了更为完善的运输系统，降低了经销商的成本；更加规范化的运作使经销商的运作也更为系统；销售较为集中，利于塑造品牌；等等。但是，厂家和经销商都必须量力而行，不可盲目。每个地区都有其特殊性，经销商要有全面的了解，有选择地进入，切忌求快求大，而且在资金调配、费用控制以及品种选择上必须提前做好充分准备。
餐饮渠道	涉及此类渠道的通常是酒水、食品类经销商。由于餐饮业的产品销路比较狭窄，竞争激烈。所以，个别的经销商通过买断运作的方式获得厂家的独家代理权。这类渠道风险较大，在运作时，经销商应注意：及时收回账款，避免人财两空；垄断经营餐饮店，应设立驻店促销；保持合理的利润率，降低运营成本。
特供渠道	特供渠道包括院校、厂矿、企业、团购等。封闭性强是这类渠道的最大特色。由于客户的选择性较少，这就确保该渠道的销量。比较麻烦的是，这一渠道的运作需要经销商有强大的人脉资源，并定期做好公关活动。

其实，上述四大渠道类型，并无绝对的优劣之分。通常是各有利弊。企业的运作能力有高有低。选择什么样的渠道作为公司的运营重点，企业应对自己的优劣势进行综合评估后再决定。但是，再小的企业也应该有自己的渠道运营模式，即便你只有三两个客户，同样可以通过紧密的相关渠道服务创造利润！

2 连接产品：
不断优化产品结构

众所周知，移动互联网时代的流量入口无处不在。

未来，用户通过搜索或者线下渠道接触商品的比例将大幅下降，这使得产品吸引用户的路径也会随之改变，例如，产品的推广策略以及渠道的重组方式等。

如今，行业的高速发展，让一些传统企业充满了"亢奋"情绪，信誓旦旦要转型。从总体来看，可以大致把目前的企业划分为两种形态：

企业的两种常见形态

类别	描述
现实主义者	这类企业属于集体处于迷茫期的群体。他们活在当下，忙于眼前发展。他们依然以产品为中心，靠薄利多销拉拢客户，并通过不断扩张，增加市场份额来增加薄利，分摊成本。这类企业往往缺少创新意识，他们似乎没有想过，规模的增长同时会带来巨大的成本、库存压力。而随着分销商与供应商的合作日益密切，分销流程正在简化，加上大型经销商的挤压、渠道价值的削弱、对上下游增值服务的降低，很快你会发现其实利润在不断地萎缩。如果一直保持这种形态不变，迟早会走向消亡。

(续表)

类别	描述
未来设计者	这类企业以客户和利润为中心，既关心今天的利润，更关注明天的新利润机会和客户真实需求。如此大的格局使他们能第一时间发现渠道的不足，从而通过规模化运作让渠道更集中，更好地为客户提供服务。源源不断的增值服务带来了可观的利润。这类企业在自我提升的同时，也慢慢走向"公司化"，他们身上充满了现代商人的气息，思维敏捷、灵活，如果能坚持下去，企业一定会迎来更美好的明天。

在互联网+时代，有些企业不重视互联网化，就注定没办法立足。

相反，有些企业轻视互联网化，也伤及不到根本。

简单来讲，大多数消费者最在乎餐馆的食物的安全和味道，但也有消费者在乎餐馆的服务和环境，事实上，在菜品同质化的大环境下，的确是服务和用餐环境更为重要。

当然也存在例外，比如我们经常看到很多消费者为了品尝味道独特的食品，头顶烈日也甘心排队。却鲜有人发现，消费者不为美食只因为一家餐馆的服务好、装修好而排队等待就餐的机会。这就说明，就餐饮业而言，在安全的前提下食物的味道才是餐馆立足的根本。

同理，一个身患重感冒的病人，是会去买广告做得好的药品，还是去买更有疗效的药品呢？

广告做得好销量又高的药品是要满足一个前提条件的，那就是市场上多数药品在能效上是相差无几或者消费者无法轻易辨析的。

如果一家药企的药品能够真正地具备独到的性能，针对性地治好某种疾病，即使没有广告，经过口口相传，也一样能够击败那些销售同类药品却无法在药效上胜过自己的竞争对手。

★ 先连接产品，渠道才有了灵魂

虽然大数据很重要，但在应用这些东西之前，要先连接到产品——定性一下自身的产品。

假如你的产品属于营销手段无法取代其核心价值的类型。那么，请把大部分精力投入到产品本身的性能之上。

方式1：因地制宜

重营销轻产品在一定情况下是可以的，但必须因地制宜。

比如，麦当劳、肯德基在全国各地的味道没有区别。所以很难有"产品性能"上的质变突破，营销必然会成为其"竞争价值"的一部分。再如，可口可乐，如果失去广告，其很有可能沦为一杯廉价的糖水。营销在一些特殊情况下而言，已经足以取代产品本身的价值，产品可以仅仅是其"营销灵魂"的一个载体。

但对于大多数产品，特别是对于一些对功能性要求极高的产品而言。经营重心一定要落在产品的精益求精上，而不是过度地将重心转移在营销手段上。否则，无论是互联网思维、O2O或者大数据，过度发力都将导致忽视产品本身的延展特性。

方式2：赋予灵魂

网易CEO丁磊透露，网易在云音乐上花了非常多的心思，让用户在欣赏音乐的过程中，还能和别人去互动。"我们要把音乐的App做到极致，做到人性化，让它成为有灵魂的产品，是可以和你对话的产品。这是网易和其他互联网公司不一样的地方。"

丁磊在一次演讲中说："我觉得'态度'这个词用得高端大气，还是用一句接地气的话来说，我们在互联网是做产品，通过产品和用户交互，通过产品把我们的理念告诉客户。我们希望我们的产品带来一些灵魂，能有很多的创新，能够与众不同，能够真正打动用户的心。"

方式 3：价值创新

价值创新应遵循以下法则：

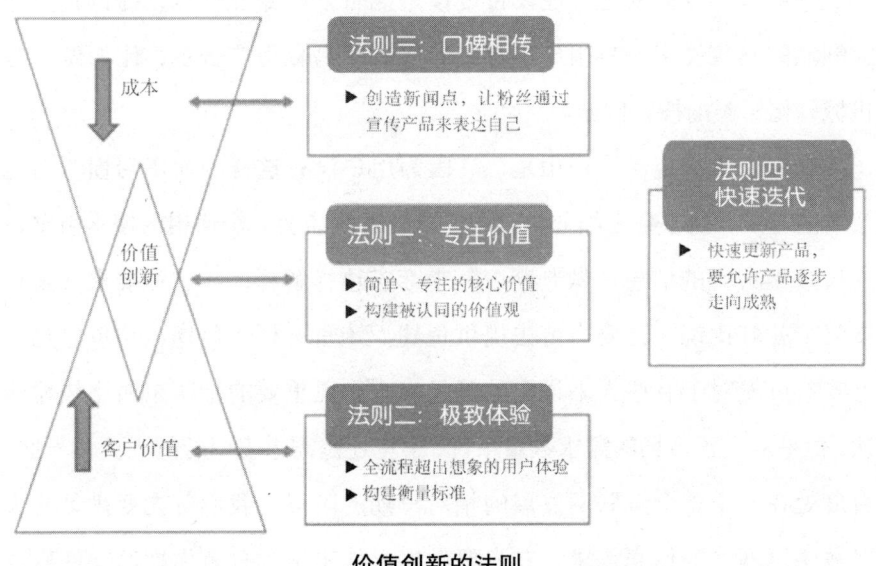

价值创新的法则

方式 4：极致产品

打造极致产品有以下几项核心工作：

打造极致产品的核心工作

工作	描述
明方向	深入企业，综合分析，准确把握用户痛点，提炼产品的核心价值。
定产品	只有完成极致体验的产品定位，才能打造出超出预期的好产品来。
懂运营	选择最适合企业渠道拓展的运营方式，推进产品迭代。

打造极致产品，还要把产品内容做到位，具体方法是：

方法1：专注

专注于用户认可的产品，才能赢得市场回报。

曾经有"专业人士"建议百度搜索能否依托专业优势，提供某一专业领域的垂直搜索，将用户需求细分后更容易赢得广告主，比如做一些机械、化工类的搜索网站。

李彦宏直接拒绝，理由是："因为用户没有这样的使用习惯，当他搜索的时候，他不会去细分自己的需求，这就需要一个通用的搜索引擎，通过搜集大量的信息来做判断。"李彦宏这样解释，"这种要求（垂直搜索）就好比说，让麦当劳去提供鱼翅、鲍鱼一样。鱼翅、鲍鱼好吃不好吃？可能对于有些人来说它的确是好吃，更重要的是这东西比较显档次。但是从真正市场的需求数量来说，毕竟还是需求麦当劳的人更多一些。百度处在一个整个互联网发展的相对早期的阶段，我们首先要满足绝大多数中国网民的信息需求，首先要做这一件事情。只有你把这一件事情做好了，你才有实力去谈其他的东西。"

方法 2：标准

一个产品是否成功，利润不是唯一的标准，不应单看产品能带来多少利润，更要注重产品转化利润的能力。包括承担社会赋予的责任，从"以利润为中心"走向"以价值为中心"。

产品的经济价值——有形的资产固然重要，产品的社会价值——品牌效应更重要。

例如，你的产品是否环保、是否能让企业可持续发展、是否能促进社会文明等。不断增强社会责任感，赋予产品更多内涵，才能让企业在更激烈的竞争中立于不败之地！

3 连接用户：
   需求导向颠覆网络

随着移动互联网的不断变革与推进，大量用户驶入了移动端，差异化的用户购物习惯以及在移动端内部各大平台的分流，逐步形成了新的格局。

当企业融入用户的圈子后会发现，传统渠道上的用户是分散的，社交圈也是小众的。而移动互联网时代下的圈子则是交互的，用户之间的联系也更加紧密。

中国的 GDP 每年以 7%～8% 速度增长，以在这些数字后面的渠道分布来看，除了一些老店，百货行业的业绩都是下降的，就连百丽这样的公司也不可避免业绩开始下降了，大卖场的境遇也是如此。原因就在于互联网时代，特别是移动互联网时代的到来，消费者出于方便或价格等方面考虑，造成了包括服装等一些"干货"往往在网上的销售火爆异常。

根据数据综合比较来看，互联网渠道在保持 40% 成长率的情况下，占 GDP 的比例却很小，而且是所有渠道里成长最快的，可见未来还有很大的发展空间。传统企业如果不知道怎么在互联网上获取资源,未来很可能会出现没有新用户的尴尬局面。

★ 运营"心法"助力企业挖掘新用户实现转型升级

用户运营对于企业的升级本质在于:从以渠道为支点、营销为支点,转变为以粉丝运营为核心的业务模式转变。

以下是用户运营的"心法":

用户运营的"心法"

法则	描述
用户识别	这是连接用户的前提,企业必须先知道用户是谁、在哪里、做了什么,才能进一步定义用户、寻找用户、接触用户、认识用户。
用户分层	企业用户有不同的层次,企业必须了解自己的用户所处的阶段,再预判可达到的目标。
甄别用户	不同层次的用户分别对应不同的价值,企业应根据相应的细分属性和独立的进化渠道对用户进行甄别。
适配路径	根据企业所处的行业水平、经营状况、现有资源、服务形态等因素,决定企业用户运营适合的路径。
用户运营	用户运营就像是企业构建的一个小世界,而升级的过程也是不断进化、优化的过程,企业可根据自身情况,制定相应的信息运营、规则运营、活动运营、体验运营等流程。

通过上述运营"心法",当用户的基本需求被满足之后,其需求就会向个性化方向发展,而定制化则是个性化最佳的实现手段。定制化的核心就是需要用户的参与,通过用户体验继而为用户提供符合价值需求的产品。在尊重人性发展的互联网时代,企业应该从以企业为中心的标准化生产转变到以用户为中心的个性化生产,从而实现人性的回归,纵

观当今成功的高科技信息产业企业,都能够敏锐精准地洞悉人性,例如,苹果、小米是中外典型的代表。

要点1:满足用户个性化需求

企业在为用户提供相应的产品或服务、满足用户个性化需求的同时,也能够为用户制造参与感。

七格格是一个"淘品牌",每次新款服装上架前,把设计图放到店铺和粉丝群组里是七格格的固定程序,让粉丝和网友自由讨论,通过投票评选,最终选择出大家最喜欢的款式,根据大家的建议进行修改,然后再上传到网站和族群吸取建议,如此反复几次后,七格格的新品才会生产并上架。

一些传统企业的产品,如冰箱、空调等产品的生产接近模板化,但有许多创意产品是无须按照模板来生产的。比如服饰,款式可以千变万化,并不一定需要固定的模式。即使在走量的前提下,要定版也可以先让用户参与并讨论,再最终确定用户真正需要的款式。

在无法让用户参与产品生产的情况下,企业大可以在产品设计图出来的时候,就让用户参与到对设计的讨论和评价的环节中来,在产品上市前,反复多次做调查问卷,引导用户积极地对产品做出评价、投票、提意见并且参与产品的优化过程。当用户看到购买的产品,自己也出了一份力时,买单才会心甘情愿。

要点2:以粉丝经营为核心

这确实是过去两三年不少传统企业的感受:看不懂了。

为什么有些公司有些产品的用户会如同粉丝一般狂热;而从前屡试

Chapter5　连接一切的落地策略：在全渠道时代做成功、做成型、做出格局

不爽的渠道，似乎突然间失效了。在移动互联网的环境下，企业都被逼着直接面向最终消费者，而企业还没有建立用户经营的基础。对客户的理解还停留在交易额、频率、积分这些孤立的层面，对用户的互动行为、品牌忠诚行为、社交行为、选择行为还是一无所知。

更可怕的是，传统的用户经营还没做好，已经迎来了粉丝经济的攻击，新型的企业渠道模式正在颠覆着各个高墙坚壁的传统行业！

4 连接资源：
创新整合资源方式

随着移动端的发展，线上与线下资源整合也迎来了新的局面。与传统渠道不同的是，线上线下资源不再是简单的叠加，而是以"整合"和"跨界"等新型方式呈现，其强调的是渠道利益的最大化。

2014年8月，滴滴打车（当时名为滴滴打车，现已更名为滴滴出行）正式推出了"滴滴专车"业务，同年年底，滴滴打车正式启动了专车整合计划，其目的有两个：一是提升用户对"滴滴专车"品牌的认知度和好感度；二是建立起"滴滴专车"在专车市场的行业地位。

★ 通过整合资源形成传播合力

"滴滴专车"的整合活动中以"滴滴体"句式来触动都市中目标人群的情感软肋——"如果生活是苦×的，至少车上是牛×的，全力以赴的你，今天坐好一点！"并通过挖掘"今天坐好一点"背后的故事来提升社会影响力。

本次整合利用微媒体的传播优势完成了如下几个方面的联动：

滴滴整合的要点

要点	描述
创意包装	以两个视频作为传播创意包装，在公众平台播放。两部创意视频分别为《全天下父母和爱人最想却不敢给你看的视频》《年底最想转给老板看的视频》。此次传播活动推动了电视广告的广泛传播和分享。
情感共鸣	温馨的电视广告引发了用户的情感共鸣，通过公众平台、公关联合传播，并在电视、网络视频、影院进行全方位广告投放。
关系维护	《感谢自己篇》和《感谢最爱篇》——核心广告语"把车外的留在车外，把自己的还给自己""逞强的背后都是爱"深入人心，分别从个人和关系两个维度与潜在用户进行针对性沟通。

"滴滴专车"的整合过程是：

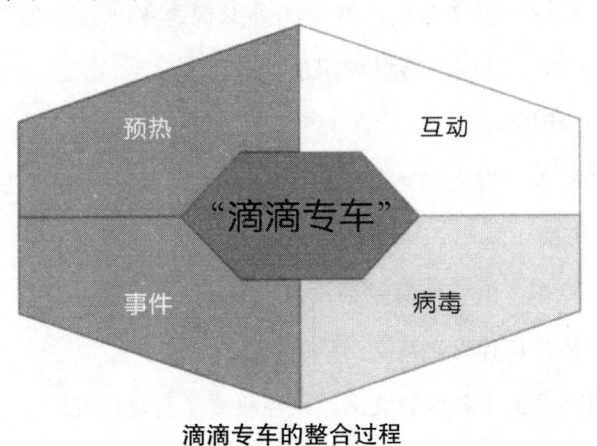

滴滴专车的整合过程

阶段1：预热

滴滴专车全方位地打造舆论热门词语——"赶跑族"，酝酿社会情绪引起广泛的话题讨论，并通过制造悬念来聚焦关注；以"滴滴专车即将发动营销大事件"角度进行公关炒作。

阶段2：互动

滴滴专车官方发布"滴滴体"引发全民转发分享，包括原创经典内容——"如果生活是苦×的，至少车上是牛×的，全力以赴的你，今天坐好一点！"同时引发明星和企业响应，定制"滴滴体"海报。后续进行的DIY"滴滴体"海报定制个人专属红包以及互动，号召全民参与投票，持续刺激网友参与，被广泛地传播热议。

阶段3：事件

圣诞节主题线下事件营销："圣诞老人专车"；车内"'滴滴体'互动"及专车发放"圣诞PP橘礼物"。

元旦主题线下事件营销：携手江苏卫视跨年晚会，组织上亿人同时摇滴滴红包活动，共同创造世界纪录。

阶段4：传播

借势电影《一步之遥》的热度，以葛优、姜文配音的专车系列视频进行病毒式传播。

"滴滴专车"的整合营销活动效果显著：

1. 成功抓住目标用户痛点；
2. 让用户产生了强烈的共鸣，最终提交了解决方案；
3. 充分利用情感因素营销，提升了品牌层次。

打车难是每一座现代化大都市中普遍存在的问题，滴滴专车把痛点放大，通过不同场景引发用户的强烈共鸣，用"今天坐好一点""爱"等触动目标用户情感需求，将传统广告、网络互动、发红包等形式相结合，实现了有效传播。

★ 利用跨界进行资源互换，有效整合

说到整合，就不得不提到跨界。

跨界营销在本质上是一种资源互换，而互换的资源就是用户。跨界营销的合作双方可以不涉及或者较少涉及资金方面的付出，这种在用户资源方面"礼尚往来"的方式可以使合作双方通过较小的投入获得大量的用户，形成双赢的局面。

跨界前需要寻找匹配的合作对象。

那么，什么样的对象才是匹配的选择呢？

选择与自身匹配的对象

满足条件	描述
基数大	除特殊情况外，大多数企业要寻找的合作对象必须具备用户基数大这一条件，不能过于小众，这个条件也是合作的基础条件。至于用户基数多大，完全取决于自己所预期的目标或自身产品的用户数量，一般情况下，以不低于自身产品的用户数量为准。
利益均等	既然是合作，只有共赢，才是双方想要看到的结果。双方想要完成跨界合作，前提是合作带来的利益必须是各取所需、利益均等的。在确定合作之前，要先考虑合作是否给双方都能带来足够大的利益，如果合作仅能给一方带来巨大的利益，而另一方的利益非常小，这个合作就是不合适的，也是不可能进行下去的。
差异化	合作双方的用户要有差异化，也就是合作双方的用户可以少量重合，但绝不能高度重合。开拓新用户才是营销活动的终极目的，如果合作双方的用户重合了就无法交换，同理也就没有新用户可言。这个道理理解起来非常容易，但落实到操作上还是较为困难的，因为鉴别合作对象的用户群体是一件非常有难度有科技含量的事情。诸如很多大公司之间的跨界合作以失败告终，就是忽略了这一步。仅仅从主观的判断上确定合作双方的用户是否具备差异化，极容易造成判断错误、合作失败。

（续表）

满足条件	描述
契合度高	合作双方的用户契合度一定要高，也就是合作双方的用户群要是彼此需要的用户或者潜在用户。例如，经常上网休闲的用户，基本都会吃方便面；同样，经常吃方便面的用户，很有可能长期上网休闲，只有这样双方的合作才有价值。
资源互换	跨界合作这种资源互换性质的方法，其中的一个目的就是要降低渠道费用。如果合作双方采取跨界的方式，还要投入大量的费用，就得不偿失了。双方合作的最佳模式是：用户换用户或产品换用户（用产品等形式引导对方的用户成为自己的用户；对方也可以用别人的产品活跃自己用户），合作期间尽量不要牵扯大额的费用问题。

　　能够符合上述五个条件的对象，就是能够与企业匹配的合作对象。

　　解决了跨界中最困难的问题之后，剩下的就是与合作对象洽谈具体合作方式了。合作双方在追求共赢的利益驱动下，只要再深入了解下对方的业务特点，找到恰当的合作方式和销售渠道并不难。

5 连接员工：
组织形态新型管理

在移动互联网浪潮的冲击下，企业内部的管理结构逐渐呈扁平化趋势。企业管理层级越少，信息交流越充分，市场的反应就会越迅速。但是，改变不仅仅于此。很多企业尚未意识到，移动互联网时代的"员工"不仅仅是"员工"的角色，企业靠业绩说话，业绩由员工来完成。在全渠道管理系统中，员工是协助企业发展的关键要素，管不好员工，渠道各个链条上的流程就无法有序运作。

只是，在互联网时代，企业组织形态渐渐发生变化，企业的管理方式也应该具备互联网的文化与基因，使新型管理模式更加"接地气"。

简单划分，一个组织中的员工无非有两种——老员工和新员工。二者在管理形式、流程等方面有一定区别。

1. 老员工

这类员工资历老，通常跟企业管理者不是沾亲带故，就是曾经一起干事业。因此，管理者碍于面子，只要这类员工不犯大错，都会网开一面，睁一只眼闭一只眼。企业里很多制度是把这类员工排除在外的。这正是传统企业应该转型的地方。

对于这类员工不能过于放任，企业制定的每一项流程、制度应该是公开、公平、公正的，自然也要将老员工囊括其中。然而，在现实中，很多管理者在为这类人头痛。回想创业初期，他们的确帮了企业不少忙，可谓"有功之臣"。但我们也应该清醒地看到，随着市场需求的变化，企业不能停滞不前，而是要继续发展。如果这类人不思进取，依旧按老套路工作，以后就很难跟上竞争的脚步。要么企业被市场踢出去，要么你就要想办法改变这类员工的思维。

这类人其实有两个方法可以妥善管理：一是根据他的特长，合股与其开发其他渠道，让他大胆去做；二是让虚荣心强的老员工担任教练的角色。

2. 新员工

新员工通常也有两种，一种是引进来的职业经理人，这类人本身能力较强，经验丰富。一般上岗便能胜任工作，无须过多培训。另一种就是公司为各个部门招聘的普通员工。

就目前情况来说，大多数经销商的经理人机制还不是十分成熟、稳定。你务必要想清楚：究竟是想找个替你做事的人还是找个会办事的人？你招来的经理人是得按照你的意愿做事，还是可以对其充分授权，让他放手去做呢？

做事的人，是指能独立思考，用自己的想法做事的人；而办事的人，则只知道执行管理者交代的命令把事情办好为止。究竟是否该引进、引进什么样的，你可要提前想清楚。

最后，对普通的新进员工的培养，说难不难，说简单也不简单。因为这类新人新得如一张"白纸",留白越多,你能注入的内容就越多。也因为留白太多,所以倾注的时间就要久一些,花费的精力要大一些。对此类员工的培养可以分为两步:第一,老员工带新员工,"一对一"培训;第二,网络培训,方便、高效。

近年来,不少经销商开始利用互联网课程对员工进行网络辅导。需要注意以下几点。

★ **将互联网思维植入新型管理,成为具备互联网思维的企业**

从本质上来看,组织是企业资源配置的一种方式,也是企业发展的有效载体。

当传统企业的组织结构无法适用于新的渠道建设时,企业就会面临越来越多的问题和挑战。因此,企业必须从传统模式走向新型管理,在互联网+时代,实现组织变革,成为具备互联网思维的企业。

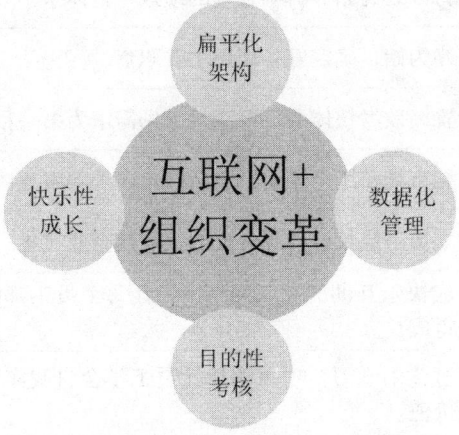

互联网+组织变革的几个方面

要想实现上图中所示的几方面的变革,企业可参考以下步骤,并结合自身实际情况来实施:

实现互联网+组织变革的具体措施(步骤)

具体措施	简要分析
步骤1	建立起行之有效的扁平化架构,快速反应。
步骤2	根据市场需求搭建清晰、有效的组织架构。
步骤3	选拔领导层(必须是经验丰富、权责清晰的领导)。
步骤4	根据用户反馈及市场实际需求不断优化组织结构。
步骤5	进行快速决策、科学有效的数据化流程管理。
步骤6	针对企业内外部流程,定期收集业务数据,进行数据化管理。
步骤7	快速整理企业收集到的数据,并依据数据管理随时优化决策。
步骤8	依据之前的数据,为今后的企业战略提供决策支持。
步骤9	推行以终为始、科学合理的绩效考核体系。
步骤10	以终为始,确定好各岗位主要职责。
步骤11	设置绩效考核体系,以满足市场需求为第一目标。
步骤12	根据市场及用户需求,不断优化内外部服务体系。
步骤13	树立快乐成长、自我实现的互联网企业文化。
步骤14	形成快乐互助的互联网氛围,让每个员工都能通过自己的分享获得成长。
步骤15	通过读书学习、项目锻炼让员工学会自我实现,不断提升自己的价值。

Chapter5　连接一切的落地策略：在全渠道时代做成功、做成型，做出格局

实现了互联网+组织变革后，接下来就是成长为具备互联网思维的企业。

企业在过去经常被看成是一部机器，人们也习惯用运作机器的方法来运作企业，以对待机器的方式来设计企业的方方面面。

机器固然具备一些自身的优势，但是，就如同机器也需要更新换代一样，随着时代的变换，一些新技术的到来，旧机器往往就会面临被淘汰的局面。

如果不想被淘汰，企业就需要转型，跟上时代的步伐，适应当前市场和客户的需求。目前来看，成为具备互联网思维的企业就是顺应我们所处的互联网时代的做法。

1. 全局眼光

互联网时代，随着技术和市场的变化，一些企业面临的挑战是其产品从无到有的周期越来越短，所以企业面临的不仅是生产部门技术创新的问题，还要面临培训、研发、人力、营销部门需要进行变革的问题。因此，放眼全局进行全方位的调整十分重要，同时也是学习互联网思维的基础。

2. 尊重用户

企业有个永恒的老师——用户。

过去企业总是把利润当成自己的老师，以至于只关心财务和业绩，转型学习型的企业，必备的要素就是要跟上时代步伐，了解用户的需要显得尤为重要。

当用户习惯了在淘宝平台购买商品，如果你的公司不提供相应的服

务，用户就会感到不满意。当用户习惯了用网上银行支付花销，如果你的公司不提供相应的服务，用户依然会感到不满意。

用户会不断地进步，他们永远是能够跟上时代步伐的人，但是如果企业不能随之进步，终究会被用户所抛弃。如果企业的领导者不知道用户的需求是什么，可以建立相应的调查计划，也可以直接从自己的一线销售员工那里找到用户需求的蛛丝马迹，因为一线销售员工通常能够听到用户最多的抱怨和需要。

如果用户习惯了享受其他领域或企业提供的全套完善的服务，而你的企业又提供不了时，用户就会心存不满，甚至会一直等到你的行业里有能满足其需求的企业出现。

尊重用户还表现在听取用户的声音。

企业应该把自己做成能够听取客户意见和不断吸收最新先进技术的系统，就像微软的Windows系统，总是不断地更新自己。

即使那些嫌麻烦而不愿更新Windows系统的用户，也不得不承认系统在更新以后更好用了，原因就在于每次的更新都吸收了新的技术，并且其中融合了许多用户的需求和意见。

即使Windows系统偶尔有一些不理想的更新内容，在听取客户的意见后也能够很快被淘汰掉。

3. 参与感

企业绝不应该犯闭门造车的错误，在企业不断实验和更新自己的过程中，虽然企业是主体，也离不开用户的共同参与。因为智慧往往存在于组织外部，永远不要低估互联网时代网络用户的智慧。

通用电气前CEO杰克·韦尔奇曾经说过:"我们想成为一家能够不断自我革新的公司,摆脱过去,拥抱变化。"

革新这个词很妙,同时具备变革和创新的含义,但在互联网时代,它更应该称作"更新"。

企业互联网化的一个重要内容就是不断尝试性地探索、实验新的产品,并且让用户参与到你的产品的实验中,继而听取他们的意见以及洞察整个反馈的过程,要做到像一款软件般,在听取用户意见的同时能够不断地升级更新。

如今,企业和用户之间的关系实际上是平等的。在互联网时代,用户的定义已不限于仅是购买和使用产品的个体,用户完全可以参与到产品研发和制造的环节中去。例如,小米手机的研发并不只是依赖小米公司的成员,热衷小米手机的粉丝也会积极地参与其中。一个企业生产出来的产品决不能只是为了推销给用户,而需要根据用户的喜好来制造。不要再以用户是上帝的角度对其审视,要让用户成为企业的朋友。一旦两者成为了朋友,企业和用户之间的关系将是平等、彼此依赖的。

要知道,最优秀的资源永远在企业外。当前,企业可以作为一个"学习体",利用互联网思维去不断地学习和吸收外界的优秀资源,整合之后再流动起来,让这些优秀资源产生新的价值。

实验就意味着行动,企业要主动且勇于迈出实验的第一步。例如利兹卡尔顿酒店的实验。

4. 勇于试错

互联网时代,太多的人做着"发财的梦",却生着"焦虑症的病"。

真正的商机看不清、看不懂，以至于错过了好时机。带着虚假商机的面具，耍小聪明、投机倒把，只会越来越远离商业互联网转型的本质。

然而，企业如同每个人一样不可能永远不犯错，而实验是一个主动犯错且成本微小的机会。通过实验，企业能够深入了解哪种方法适合自己，哪种产品更能够获得消费者的喜爱，哪种服务最容易带来双赢。

企业要主动去实验，主动去试错，这个过程可以当作在给企业交学费，其也是互联网化的企业所必须经历的。

5. 网络系统

正如作家克里斯·安德森在其畅销书《长尾理论》中说的那样："一种商业模式既可以统摄未来的市场，也可以挤垮当前的市场——在我们这个现代经济社会里，这并不是一件不可能的事情。"没错，在互联网时代，就更加没有不可能的事，只是你还没有想到而已！

不可否认，如今，依托互联网的线上渠道变得越来越犀利，传统企业作为将产品送到客户手中的载体，会受到渠道变革的冲击。但只要我们能第一时间盯紧市场，建立自己的网络管理系统，一样可以在渠道变革的浪潮中，为自己造一艘利润的胜利之舰。

6 连接线上与线下：
精准定位迎接实战

如今走在大街小巷，随处可见二维码的身影、LBS 的应用……

这些互联网时代的新技术作为线上与线下渠道的连接入口，蕴含其中的潜能也被企业逐渐挖掘，并与企业完美结合，或许，这预示着一个新时代的来临。

企业在打通渠道，将用户转化为忠实粉丝的过程中，需要精确定位消费者，了解消费者的购物习惯，在抓住消费者"痛点"的同时，还要精准定位，触发"痒点"，从而提升他们的购物体验。

例如，消费者会将生活中遇到的一些困难发布在线上媒体平台上，企业在获取这些信息后，最好的做法是针对这些问题给出 3～5 种解决问题的方案供消费者选择。消费者需要的是获得解决问题的方法，而不是获得同情。

企业在连接线上与线下的渠道之前，需要制订详细的计划，将可能出现的突发状况考虑周全，并制定好应对策略。

此外，在吸引消费者的注意力方面，企业需要构建自己的品牌，并妥善处理与消费者的关系，加强彼此的交流互动。

★ 精准定位——你的市场在哪里？渠道瓶颈在哪里？

如果有一千万的启动资金，设定一个目标——启动资金滚动到一个亿。

那么具体需要多少客户的支持，怎么让客户入驻？怎么发展自己的客户？客单价是多少？这些客户的问题就是营销的问题——怎么找准自身市场定位，怎么预见发展中自身的瓶颈，这一切的核心还是定位。

如今有很多的理论和方法，看似每个理论和方法都有一定的道理，但未必就适合企业的渠道拓展。企业想要精准定位，主要有以下几个方式：

方式1：通过发布的内容挖掘信息

企业在适度运用自动发送内容的同时，也需要与消费者交流互动，了解他们的需求，然后再推送内容，传播产品信息。

企业应注意，不要一味地盲目增加粉丝数，在不了解用户需求时，切忌贸然推广公司的产品以及吸引新用户。

在这个过程中，企业要保持与消费者交流沟通，这些愿意与企业互动的消费者，一定是企业的忠实用户，能够带动产品销量的增长。

因此，企业要重视培养这些忠实用户，为他们提供优惠以及奖品，吸引他们主动为公司宣传产品。同时，寻找能够合作的伙伴，并为其提供相应的福利。

方式2：线上线下结合留住消费者

虽然互联网的发展为企业提供了便利的渠道，但企业不应将线上作为唯一的渠道。

消费者通过互联网在线选购并下单支付,如果出现商家没有及时发货等状况,消费者会申请退货。因此,企业应采取线上线下结合的方式,才能留住消费者。

线上线下结合的方式留住消费者

要点	描述
发挥线上优势	线上渠道的最大特点在于它是基于信任关系建立起来的平台,通常情况下,通过社交媒体完成交易的双方一定是彼此信任的。因此,企业要充分发挥这一优势,与消费者保持良好的互动关系,不仅在销售产品之前与消费者交流,同时还要提供完善的售后服务。
线下促销活动	对于促销优惠活动,举办的次数不宜太频繁,每次促销活动,企业都需要进行总结分析,为下一次促销活动提供经验。
分析汇报结果	企业的分析师需要及时向企业汇报自己的分析结果,找出对企业发展最有帮助的渠道。
获取有效信息	企业不仅要获取所有消费者的信息,尤其要重视那些已经成为企业客户的消费者的信息,对他们进行实时追踪,及时获取有效信息。同时,还要提供良好的售后服务,承诺所买产品一周无理由退货、一年之内保修,或者赠送优惠券、积分等,吸引用户的二次消费。而从消费者的角度来看,企业的这些服务从情感上触动了他们,他们便会在社交平台上为企业宣传,最终受益的还是企业。
建立一定知名度	依赖于社交媒体的产品营销,需要建立一定的知名度,让消费者在众多的商品广告中选择自己;然后需要发布详细的产品信息,包括材质、包装设计、功能特点等,让产品本身打动消费者;最后,无论消费者是否决定购买,企业都要为消费者提供良好的服务,为其留下深刻印象。

方式3:基于微信平台的内容定位

随着微信公众平台的推出,企业可以更便捷地与用户交流,传播产品信息，而用户也可以订阅企业的微信公众号，及时获取信息。企业除了建立自己的微信公众平台之外，也可以与其他非商家公众号合作，以投放广告的形式传播产品信息，吸引用户。

例如"下厨房"微信公众号。

"下厨房"线上微信平台界面截图

"下厨房"通过线上平台，获取用户的信息，并根据用户的口味向其推送符合其口味的菜谱，以及一些相关的烹饪产品。

用户往往在浏览完信息后，便会随手点开。这种植入广告的方式不仅不会引起用户的反感，反而能够精准定位用户，增加粉丝量，从而提高产品的销售量。

方式4：基于LBS的地理位置定位

随着信息技术的发展，以及LBS基于位置服务等功能的推出，微信能在用户与好友聊天的过程中，将用户的位置信息发送出去，便于商家进行精准定位。

例如"艺龙旅行网"，只要用户向"艺龙旅行网"的微信公众平台

Chapter5　连接一切的落地策略：在全渠道时代做成功、做成型，做出格局

发送自己的位置，就可获取附近的餐饮、交通和住宿等信息。基于 LBS 功能的微信既为用户的出行旅游提供了便利，得到消费者的普遍认可，同时又为商家提供了消费者的信息，从而实现精准定位。

　　基于微信公众平台进行的定位以接受度高和内容精准为主要特点，它们弥补了传统企业渠道的缺陷，利用人际传播建立企业品牌，从而培养用户黏性和忠诚度！

Chapter6
打通全渠道：不"为销售而销售"，
让用户不再说"不"

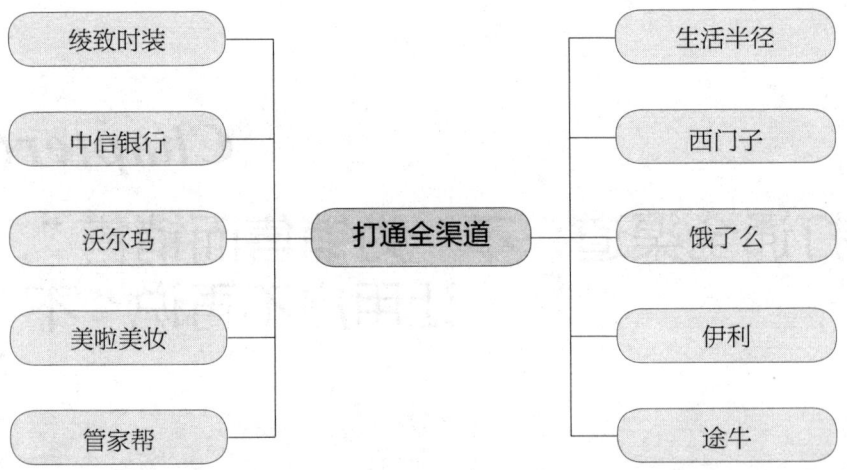

打通全渠道

1 绫致时装：
把门店活用成电商仓库

> ※ 企业名片
>
> 绫致时装是由Bestseller于1975年始建于丹麦，创始人为Troels Holch Povlsen。
>
> Bestseller设计和销售适合都市女性、男性、儿童及青少年的流行时装和饰品，旗下拥有JACK & JONES（杰克琼斯）、selected、VERO MODA、ONLY、VILA、Object、tdk、PIECES、EXIT、Name It/Newborn、PH Industries 和 phink industries 等12个知名品牌，在全世界27个国家设有1600多家直营店，有员工12 000人，分布在29个国家的35个分支机构；另有近7000家加盟代理店在经营Bestseller品牌。
>
> 1996年，绫致时装进入中国并迅速成长，公司主要经营Jack Jones、ONLY、Selected、Vero Moda四个品牌，截至2013年初已拥有近400家直营店和300多家代理店。[1]

在线下实体门店的用户正大量流失的今天，绫致时装决定收回代理，把门店活用成"电商的仓库"，即三分之一在线订单从门店出货，有效实现了线下与线上结合的全渠道战略。

---

1 相关数据来源：百度百科"绫致时装"简介

★ 在全渠道模式下向着利润一路狂奔

在许多知名大牌还在苦恼于如何协调线上与线下、直营与代理矛盾的时候，绫致时装已经先发制人，在全渠道战略模式下，向着利润一路狂奔。

绫致时装的全渠道战略

时间节点	代表性战略事件
2008 年	调整战略，收回代理权，提升直营店的比重，逐渐实现全直营模式。
2009 年	明确执行同时、同款、同价的策略。
2013 年 6 月	与微信团队合作的电商实验。
2013 年 9 月—2013 年 11 月	66 家试点门店完成了 6000 万元的销售额。
2014 年中	全面推行全渠道战略。
2014 年—2015 年	对现有系统进行改造升级。
2015 年	全渠道销售、全渠道货品打通，5300 多家实体门店为线上渠道的订单提供发货及售后服务，占所有实体门店的 70%。
2015 年 6 月	阿里巴巴零售平台销售额超过 3 亿元，6·18 年中大促活动当日销售过亿，门店发货近 18 万单，6·19 大牌日和 6·26 天猫服饰大促的单日销售额均超过 2000 万元。
至今	在中国电商平台累计成交额高达 50 亿元，通过移动端在店铺成交的销售订单高达 100 万单，其间门店实际发货订单量则高达 365 万单。

用绫致集团副总裁张一星的话来说："所谓全渠道，就是在所有渠道购买所有产品，享受所有服务。"

在众多国际时装品牌中，绫致时装因其对中国市场的精准把握，同时凭借对年轻消费者的影响力，它旗下的四大品牌 JACK & JONES（杰克琼斯）、ONLY、VEROMODA、SELECTED 已然成为大型购物商场的标配，这甚至常常导致用户产生这几个品牌就是中国本地品牌的错觉。

与此同时，绫致时装在产品定位、渠道策略、营销方式等方面，也针对中国市场进行了一系列本地改进。包括绫致渐渐盘活其线下直营门店的资源，有效进行整合，打通了全渠道的货品和销售，实现了线上线下同价、同款、统一的购物体验。

目前，绫致时装线下的 8000 多家门店中，已经有 5600 多家能够为线上服务，包括订单发货和提供售后服务。

绫致时装还将订单系统与菜鸟系统打通，这样其旗下品牌的天猫店就可以将订单发给距离最近的门店，实现最快 3 小时"极速达"的优质配送服务。

1. 全直营模式是基础

懂中国的消费者，才能懂中国市场。

绫致时装从 1996 年进入中国市场开始，就一直致力于中高端休闲服装市场，在拓展期间，除了在北上广等一线城市大规模布局直营店，二三线城市也以特约加盟店的形式快速扩张，短短十几年，就覆盖了全国 300 多个城市。

2008 年，绫致时装开始增加直营店比重，陆续收回代理权，从而提升品牌形象，剔除加盟店驳杂不一的乱象。

在后来，推行全渠道的过程中，全直营模式让绫致时装无须面对内部渠道的冲突，节约了大量时间去解决更重要的问题。

当时，在线下，年轻客群转移至线上，单店客流下滑，品牌竞争激烈，转化困难。如此看来，绫致时装无疑做了正确的决定。

不同的是，当其他品牌还在犹豫不决时，绫致就已经开始了线下门店的整合，遏制了过快的扩张速度，并将重点转至线上。

2014年天猫双十一期间，JACK & JONES（杰克琼斯）以1.81亿的销售额在天猫销量排行榜高居榜首，集团销售3.7亿，2014年则在男装类目排名第一。

JACK & JONES（杰克琼斯）官方宣传图[1]

2. 移动电商模式是核心

线上的成绩并未让绫致时装满足于一时的甜头。

在传统零售业受到电商猛烈冲击的时候，绫致时装做了一件听起来逆势而行的事情——让消费者自动到门店里去逛街。

1　图片来源：JACK & JONES（杰克琼斯）（中国）官方网站

这是因为，随着消费者购物场景的移动化，绫致时装开始意识到，做全渠道的核心是移动电商，而未来竞争的核心则是随时、随地、同价、数字化的购物体验，那么，线上线下的整合更有利于统一管理库存，及带给用户更好的购物体验。

实际上，互联网时代的消费者并不关心其购买的商品究竟是从门店还是从仓库发货，他们只是希望整个购物过程更加方便、快捷。

既然线上线下价格一致，不如到最近的门店感受一下衣服的材质，试穿过后再到线上进行购买。

基于此，2013年6月，绫致时装开始了与微信的尝试性合作。

如果你在门店试了一条中意的裤子，只要在门店内扫描衣服吊牌上的二维码，微信就会跳转到品牌页面，给出你搭配这条裤子的毛衣、T恤、衬衫等三到五种穿搭方案，如果你迟迟不能决定该买哪件好，还可以通过微信分享给好友，与大家一起在线讨论，最终决定买哪一款。

当你决定购买后，既可以在店内下单，也可以直接在微信下单。

就算门店现场暂时无货，也可以实时通过其他门店或电商库存来补充，直接快递到消费者家里，对用户来说无疑既省心又省力。

这一做法的好处十分明显：

将有限的实体库存扩展为无限的线上货架，同时提升了关联款式的转化率。线下享受类似线上购物的方便快捷，线上则可以享受线下店铺的导流。

此外，为调动传统渠道体系的积极性，绫致时装还将导购的编码与店铺编码相互关联，导购、店铺、订单、销售大区之间层层关联，就算消费者没有在实体店直接购买，这笔订单的业绩也会算在相应导购头上，形成恰到好处的利益链。

3. 全面系统升级是关键

此外，绫致时装还对系统进行了全面升级，以应对全新的渠道模式。

这一过程中，订单处理的跨渠道性、库存的实时性都是系统升级难点。

绫致在系统内部采用了大量智能预测和判断，以缓解订单量带来的压力。

2015年年初，绫致将自身的订单系统与菜鸟系统打通。这预示着绫致旗下品牌的天猫店可以将订单发给距离最近的门店，由菜鸟物流负责配送。

实现了全渠道发货，还要实现智能退货。

如果你想申请退货，系统就会自动判断你所购买的商品哪家门店缺货，然后直接退到相应门店。

除此之外，绫致时装还针对百货、校园、App等领域尝试性地拓展新渠道，不断优化用户体验，打造真正的"全"渠道、高效的购物体验，这也是绫致在全渠道战略中的制胜之道。未来，绫致时装定会向着更高目标一路狂奔！

2 生活半径：
线下体验增加用户信任

> ※ 企业名片
>
> 2010年9月，生活半径网成立。其模式是以用户为圆心，基于地理位置，3公里为半径的生活范围内，为用户提供本地商家的上门生活服务；通过本地短距离即时物流团队完成配送。宗旨是为商家提供本地用户的营销渠道，以打造本地生活服务O2O的生态系统。
>
> 截至2014年，生活半径网已累计完成300万份订单，日均完成2万份订单，具有400多名员工，其业务覆盖北京、深圳等9个城市的主要商圈，支持Android、IOS手机系统、可通过微信、网站下单等途径。
>
> 通过精细化运营，生活半径网的平均响应时间快于同行约20分钟，其85%的订单可以在40分钟内完成，在追求更快速度的同时，生活半径网更注重带给用户更好的体验。[1]

如今的送餐公司不少，最后能很好地生存下来的却寥寥无几。

生活半径最初的配送团队只有不到200人，但其日均配送量却超过5000笔订单。

---

[1] 相关数据来源：百度百科"生活半径"简介

和市场上大多数送餐不及时等损害用户利益的送餐公司相比，生活半径兑现了自己的承诺。几乎所有订单都在 45 分钟内完成配送。并且解决了菜品烹制时间不稳定、食物容易撒到饭盒外等难题。

生活半径网[1]

之所以能解决这一系列难题，是因为生活半径在用全渠道思维做配送。

该公司的所有订单，都通过移动 APP 和 PC 终端完成。订单生成后 30 秒内，所有订单信息就会传输给线下的配送中心和相关的商家。

系统会立刻根据订单内容预估订单的完成及配送时间，再根据配送员身上配备的智能手机 GPS 定位系统，迅速为每笔订单筛选出最合适的配送员派单。配送员必须在规定时间内完成配送，否则就会受到处分。

可见，只有为用户提供更迅速的送餐服务，让用户在工作片刻后饥肠辘辘时，能吃上一口热乎饭，才能带来海量的用户订单。说到底，不管是线上技术的运用，还是对线下配送员的施压，目的只有一个——提升用户体验。

你或许会认为，所谓"全渠道"这个新瓶里无非装的还是旧酒。例如，以用户为中心，这不是所有企业必备的圣经吗？口碑，现在哪个企

---

1 图片来源：生活半径官方网站

业不注重口碑？同仁堂是老字号，一直以来都渗透着"口碑好"的观念……但这类企业似乎与全渠道没有半毛钱关系。

无论未来的渠道模式怎样变革与颠覆，其中最重要的始终是用户至上。丢掉了用户，一切模式都是"浮云"。现在，不妨再回过头来想一想，什么是真正的全渠道思维？

什么是真正的全渠道思维

一种尊重用户的理念	尊重用户、以用户为中心，反思你的渠道产品究竟为用户带来了什么价值，从企业到用户的垂直关系转变为客户对客户的平行关系，增加用户的参与感和体验度。
一种商业逻辑	一种系统性、颠覆性的与传统、跨界整合的商业逻辑。
一种价值分享	企业渠道趋向扁平化，注重个人价值以及相互合作、分享。
一种传播精神	秉承互联网开放、自由、传播的精神，注重人的价值，强调渠道价值链条的共生与共赢。

透过生活半径网的例子，我们可以获得以下几点启发：

1. 用户既是体验者也是购买力

这两类可能是同一群人，也可能是截然不同的两群人。所有使用过生活半径 App 的人，都是他的用户。但是，只有最终花钱买单的人，才是其客户。而不同客户带来的价值也不同，比如带给企业的资源、收入等。不同客户的需求也不同，如同样是点餐，有人吃一碗米饭就饱了，而有的人可能要吃一顿饕餮盛宴。

面对需求不同的客户，本身资源有限的企业，如果不管三七二十一就把所有的用户视为自己的客户。这其实是对客户的不尊重、不公平。

2. 放长线钓大鱼

克里斯·安德森在其著作《长尾理论》中写道："一种商业模式既可以统摄未来的市场，也可以挤垮当前的市场——在我们这个现代经济社会里，这并不是一件不可能的事情。'免费'就是这样的一种商业模式，它所代表的正是数字化网络时代的商业未来。"

每个人的口味、兴趣都不同，就像大众饮食习惯，酸甜苦辣咸麻，众口难调。你做的菜再好吃，也无法满足所有人的味蕾。

任何企业都需要花时间、精力研究自己的目标用户群，包括用户的行为和思维习惯。从而更好地提升目标用户的体验度。

3. 线上线下"交互设计"

要想激发用户的购买行为，就要了解用户需求，例如对于送餐公司而言，用户最需要的就是快捷、便利的送餐服务，那你就提供目标用户所需要的。这一切的前提是你先要有一个明确的定位，砍掉那些看似有一点用处的东西，不要让太多用户本不需要的东西干扰使用。

设计的前提是清楚自身的定位。明确企业或产品的核心价值，这样才能有针对性地发现自己的目标用户。

4. 创造新的用户习惯

为用户创造一种全新的习惯看似简单，但细细想来其实是个相当浩大的工程。往往需要在开发的道路上守得住寂寞，还要有耐心，并时刻在金钱的泳池里泡着，稍有不慎，先驱者就成了"革命烈士"，人财两空。

随着线上渠道的出现，传统企业打开了多条转型之路，创造用户习惯就是其中一条路。如今，跨界整合竞争白热化；电子商务O2O化，线上支付与线下消费已经趋于成熟；各大银行陆续搭建自己的电子商务平台；就连金融服务也开始互联网化，许多电子商务公司开始提供小额贷款服务；三大运营商开始展开互联网服务……抓住时代的趋势，创造用户习惯，就有可能让用户在更好的体验中成为你的忠实粉丝。

3 中信银行：
更贴近人性的商业服务

> ※ 企业名片
>
> 中信银行，原名中信实业银行，创立于1987年，2005年底改为现名。
>
> 中信银行是中国的全国性商业银行之一，总部位于北京，主要股东是中国中信股份有限公司。中信银行也是中国内地第七大银行，其总资产为12000余亿港元，共有16000多名员工及540余家分支机构。它是我国香港中资金融股的六行三保之一。
>
> 西班牙对外银行（Banco Bilbao Vizcaya Argentaria,S.A BBVA）曾斥资5.01亿欧元（约50.2亿港元）购入中信银行5%的股权，还可选择增持中信银行的持股比例至10.07%。
>
> 2007年4月27日，中信银行在上海证券交易所上市；
>
> 2015年11月18日，中信银行与百度达成战略合作设立百信银行；
>
> 2015年12月，推出"网银转账免费"的新政策。
>
> 近几年，中信银行通过不断的尝试与改进，致力于为用户提供更贴近人性的商业服务。[1]

---

1 相关数据来源：百度百科"中信银行"简介

Chapter6　打通全渠道：不"为销售而销售"，让用户不再说"不"

中信银行作为中国最大的商业性银行之一，始终在寻求转型。除了使传统银行有效结合线上渠道外，还进行了零售转型，这一策略的关键就是满足人性。

在人们固有的印象中，银行工作人员的形象一向是高傲、严肃、冰冷的，很少顾及用户的感受。

中信银行LOGO[1]

中信银行的人性化服务

线下体验的舒适感	当你走进"广州中信银行旗舰店"，会产生"这不是一家银行"的错觉，而是一个舒适的会馆。银行大厅内摆放的等待座椅不再是和火车站一样冰冷的金属椅子。取而代之的是布艺沙发，色调柔和，让人感到舒适。客户咨询区的摆设，同样让人感觉舒适。在大厅中间，有一个西餐糕点的柜台，柜台附近摆放着一排书架。书架上放着各类书籍，用户还可以免费借阅半个月。
线上智能系统提升办理业务的效率	为进一步提升用户体验，中信银行在提供服务过程中，使用电子预填单系统、智能排队叫号系统、PAD移动营销系统等新技术，从而减少了客户办理业务和等待的时间。

互联网毫不留情地打破了企业和用户原本存在的那道墙——垂直变扁平。

如今，不管你做哪一种渠道，都必须放下架子，更加贴近人性。

中信银行打破了银行惯有的服务模式，通过智能化服务系统和人性

---

[1] 图片来源：中信银行官方网站

化的设计装修，让人们感觉去银行不是去办理存款或取款业务，而是真正享受了服务。以用户为中心，为用户提供更舒适、便捷的体验是中信银行变革的宗旨，现在，它依然在自我重塑的路上。

1. 让体验回归人性，吸引潜在用户

传统企业的经营思维应该从"我只有这些东西卖给你"转向"你要什么，我怎样满足你"。

很多传统企业都与传统银行颇为相似，总是让人觉得严肃有余，亲和力不足。

例如，传统书店，书架上总是摆放着一排排密密麻麻的书，周遭鸦雀无声，好像每个人都不敢吱声，更没有凳子让你坐下翻阅，甚至店员都在向顾客发出逐客令：买完了快走！

互联网时代，商业世界时刻被外界各种力量牵引着，它如大海一般，更具包容性。

其实，任何一家企业的成功转型并没有什么"不能说的秘密"——它们只不过刚好契合了人性、价值观，击中了用户的心智。注重用户的体验，吸引更有价值的用户，让他们自愿长期光顾并消费，这正是回归人性的魅力所在。

2. 用户需要的不止是标准化的服务

今天，标准化服务已经不再满足客户的需求。

标准化的服务的本质是对服务的轻视，这种轻视使企业不会把客户服务当成企业的最前线、最行之有效的宣传和推广手段。

大多数传统企业都有这样的习惯，他们不把客服人员当作企业中最

Chapter6　打通全渠道：不"为销售而销售"，让用户不再说"不"

接近神的人，而是当作企业中技术含量最低的职位去对待：轻视。

大部分企业的服务标准和流程，都不是为了客户满意而设置的。

企业的服务往往忽视客户的感受，把客户当成机器而不是人。

例如，传统银行的服务热线，很多都是各种转接之后才能与人工客服对话，甚至往往要按很多次才会有人来应答。而应答的人通常也不能解决你的问题，你还会听到：我们将为你转接到某某部门。而转接之后你就需要把自己的问题再重新描述一遍。

很可能在你描述完数次自己的问题之后，问题依然没有得到解决。

而且非常可能的是，当你再打电话过来时，接电话的人又变了。也许你还需要再描述一遍自己的问题……

如此恶性循环，难以统计有多少人在这个漫长的过程中放弃了咨询。

这样做的结果就是如果用户有更好的选择，他们绝对不再会打你的电话。

这些都是典型的标准化服务，方便的是企业。而用户为了解决自己的问题，付出了大量的时间成本。

这些标准化的服务已经不再适应新的时代和新的渠道模式，或许，传统行业在渠道转型的同时，早该像中信银行这样，放下那些坚持己见的冷冰冰的面孔，才能在竞争激烈的环境中免于被客户抛弃。

4 西门子：
移动营销戳中用户痛点

> **※ 企业名片**
>
> 德国西门子股份公司创立于1847年，是全球电子电气工程领域的领先企业。
>
> 西门子自1872年进入中国，140余年来以创新的技术、卓越的解决方案和产品坚持不懈地对中国的发展提供全面支持，并以领先的技术成就、不懈的创新追求、出众的品质和令人信赖的可靠性，确立了在中国市场的领先地位。
>
> 2015年，西门子在中国的总营业收入达到69.4亿欧元，拥有超过32000名员工。
>
> 2014年9月，西门子股份公司和博世集团达成协议：罗伯特·博世公司将收购西门子所持有的合资企业博世和西门子家用电器集团（简称博西家电）50%的股份，交易完成后博西家电将成为博世集团的全资子公司，西门子彻底退出家电领域。
>
> 出售家电业务正是西门子专注于电气化、自动化和数字化战略的体现之一。[1]

---

1 相关数据来源：百度百科"西门子"简介

Chapter6　打通全渠道：不"为销售而销售"，让用户不再说"不"

西门子家电作为一个历史悠久的家电品牌，一直以来展现在人们面前的都是一种高品质、值得信赖的品牌形象。

但由于西门子家电产品中的洗衣机和电冰箱在其领域内过于出色，导致人们只要提起西门子家电，就会不由自主地想到洗衣机和电冰箱。

而西门子家电大家族中同样出色的成员早已不止这两个了，其中干衣机的潜在市场更是蕴藏着巨大的开拓空间。

因此，在渠道转型的过程中，提高中国消费者对于干衣机品类的认知是西门子家电面临的首要挑战。

例如，北京的冬季通常寒冷干燥，造成大多数人认为干衣机是一件无关紧要的家电，并不急于购置。所以，要培养消费者认识到干衣机是品质生活一部分的认知习惯并非易事。西门子家电面对这一挑战，提出了一套基于新媒体平台的整体化营销解决方案。

如今的人们处在一个经济飞速发展且信息大爆炸的时代，无数的差异化越来越小的家电产品像雨后春笋般蜂拥而至人们的视线当中，西门子营销人员发现：

现代化的家电产品从根本上来讲就是为了更高效地解决消费者的日常家务问题，在每个产品标榜自己与众不同的同时，却往往忽视了消费者本身的诉求。

瞄准消费者最在意的"痛点"成了西门子策划移动营销活动创意的核心部分。

下图为西门子干衣机，都市"晾男晾女"活动的官方宣传图：

西门子移动营销活动官方宣传图[1]

西门子家电塑造了一对靓男靓女的卡通人物形象并贯穿在整个营销活动之中，以增强消费者的代入感，激发消费者切实的共鸣，从而最大化拉近与消费者之间的距离。使消费者置身于在实际晾衣过程中遇到难题，并渴望快速得到解决办法的场景下，保持对活动的持续关注。

对于西门子家电来说，广大的都市白领群体无疑是最佳的目标消费群体，由于他们习惯了快节奏的生活，并且没有多余的时间和精力放在家务上，在生活、工作中做任何事情都讲求效率至上，基于这方面的分析和考虑，西门子家电立身于消费者的视角提出了"京城的晾男晾女"的活动主题。

西门子的移动营销落地过程

西门子家电在整个营销活动中始终将消费者的"痛点"设置在核心位置，抓住都市白领追求效率、追求品质的普遍心理特征，力求活动中的每一个举措都能够让目标消费群体从内心找到共鸣，从而提升消费者

---

[1] 图片来源：西门子（中国）官方网站宣传图

对品牌的信赖和好感，最终达到本次营销活动的目的。

具体执行过程是：

第 1 阶段：娱乐营销

由于西门子家电官方微信公众平台上的粉丝普遍具有较高的忠诚度和黏度，且群体相对稳定，对西门子家电的产品有一定程度的认知。所以，本次推广活动以线上微信平台作为主阵地以及主战场。官方微信以一篇《北京入冬了，这帮男男女女都在忙点啥？》成功地引发了网友的好奇心，文中结合时下的热点话题，盘点了多位艺人找到了自己的幸福的事件，进而从情侣这个切入点将话题成功转移到活动主题"京城的晾男晾女"上面，再结合当红的冬日主角——"秋裤"，使消费者清醒意识到现实生活与理想生活的真实差距，活动中发布的主题海报发人深思，并抛出"怎样才能在冬季轻松晾衣？"的问题，达到了吸引网友持续关注活动的目的。

第 2 阶段：还原场景

西门子家电线上官方微信公众平台发布了活动系列海报，且每张海报都体现了对产品卖点的深度挖掘，比如："雾霾来袭，衣服白洗""怒吹速干，衣服难看""东倒西歪，衣服成排"。海报利用漫画的形式轻松地表现出了消费者的痛点，对应着"防霾除菌，这都不是事儿""平整呵护，这都不是事儿""节省空间，这都不是事儿"直击产品卖点，使消费者对于晾衣产生的不快感立刻烟消云散。进而使西门子干衣机在消费者心里的地位大为提升，甚至从可选品晋升为了雾霾天的必备品。为西门子干衣机争取到了非常良好的印象分！

第 3 阶段：趁热打铁

本次推广战役的战线进一步拉长，西门子家电在之前发布的系列海报平面化地、简单直接地展现了产品卖点的基础上，通过发布与活动同名的视频 MV，在清新欢快的旋律和朗朗上口的歌词中更加深化了产品的卖点、特性和使用方法。

第 4 阶段：引爆社交

本次推广活动通过预热阶段和深化阶段已经通过互动成功为线上官方微信公众平台积累了大批优质的粉丝，比如利用一款基于 html5 的互动游戏引爆了朋友圈，在朋友圈中的转发和抽奖火爆异常，成为了本次推广活动的"试金石"与"放大器"。一方面，微信消费者心理相对成熟、独立，只有其心理上真正接纳了西门子干衣机，才会花费时间参与活动；另一方面，这部分先行的消费者能够发挥小圈子"意见领袖"的作用，将西门子干衣机的影响力辐射放到最大。

西门子家电本次的推广活动，成功之处在于，通过一系列的深入洞察挖掘出了隐藏在消费者心中的"痛点"，并通过各种活动与消费者进行了深入互动，产生了情感共鸣，进而形成了共情。同时，通过多样、生动、活泼且主题高度统一的表现形式，以线上微信平台作为主战场，打了一场精准的针对北京地区受众的攻心之战，可谓是线上引流的典型案例！

5 沃尔玛：
传统零售业的转型之道

> ※ 企业名片
>
> 沃尔玛公司，英文，Wal-Mart Stores, Inc.是一家美国的世界性连锁企业，以营业额计算为全球最大的公司，其控股人为沃尔顿家族。总部位于美国阿肯色州的本顿维尔。
>
> 沃尔玛主要涉足零售业，是世界上雇员最多的企业，连续4年在美国《财富》杂志世界500强企业中居首位。
>
> 沃尔玛公司有8500家门店，分布于全球15个国家。
>
> 2013年11月25日，任命国际业务部主管董明伦（Doug McMillon）接任杜克（Mike Duke）为沃尔玛总裁兼首席执行官，该任命从2014年2月1日起正式生效。
>
> 2016年6月29日，沃尔玛表示将向美国所有消费者开放两日达免费送货服务，这是沃尔玛在这一服务上的再一次拓展。[1]

沃尔玛从成立至今，已在全球27个国家拥有1万多家分店，以及遍布10个国家的线上网站。

---

1 相关数据来源：百度百科"沃尔玛"简介

和众所周知的优化供应链、构建信息系统、连锁化扩张一样,沃尔玛在线上方面也展开了渠道布局。

沃尔玛 LOGO[1]

归结起来,沃尔玛的线上渠道布局之路可以分为 4 个主要阶段:

阶段 1:独立运营

这一阶段主要是沃尔玛线下实体店与线上业务独立运营,线上与线下互不干涉。

这一时期,沃尔玛线上交易虽然弥补了线下实体在商品品类和地域分布方面的局限性,但与实体店比起来,线上对沃尔玛整体业绩的贡献微不足道,而且当时整个在线零售市场还处于起步阶段,规模较小。

在日后长达近 10 年的时间里,沃尔玛在线销售和线下销售始终是两条平行线,互不干涉、没有交集,独立运营。

一方面,沃尔玛利用了传统零售的渠道资源,包括爱狗和库存资源,另一方面也建立了自己独有的渠道体系。但问题是,线上与线下之间始终没有交集,包括物流、营销、会员互动等方面都没有很好地展开。

阶段 2:互动转化

这一阶段,沃尔玛的线上与线下业务开始了初步的协同作业。因为沃尔玛开始意识到线上渠道的重要性,并专门设立了全球电子商务部,

---

1 图片来源:沃尔玛(中国)官方网站截图

试图利用自身线下资源的优势找到与线上资源的契合点，探索出一条全新的渠道模式，以应对来自全球竞争对手的威胁（例如亚马逊）。

在线上与线下互动转化、融合期间，沃尔玛迈出的第一步就是"线上订购 + 门店取货"模式。这一模式加速了物流效率，将门店的产品管理系统与线上渠道打通，允许用户通过互联网在线订购商品，且可以当天到门店提取货品，提高了用户获得商品的及时性。

阶段 3：融合发展

这一阶段的沃尔玛进一步利用线上线下的深度融合，实现向电子商务的转型，目前，沃尔玛在线上领域的探索已进入新的发展阶段，移动互联网与智能手机的技术被广泛应用，例如，移动支付、移动地图等线上工具为传统线下业务带来了深度融合的良机。沃尔玛也在进一步整合线上线下资源，打造线上线下一体化的全渠道模式。

目前展开的策略有：通过移动技术实现线上线下协同，提高线上用户与线下实体的互动体验，一切以"简化消费者的购物流程，提升用户购物体验"为目的，以移动设备为核心，将手机的便捷性与线下体验、物流、服务相融合。

阶段 4：高峰布局

这一阶段的沃尔玛重点打造线上移动平台,使用户支付流程更便捷。为了改善线上业务情况，让用户获得更好的购物体验，沃尔玛推出了可以让消费者在智能手机终端进行支付的 Walmart APP，如下图所示：

沃尔玛 App 示意图[1]

沃尔玛通过对用户数据的分析，当用户打开 Walmart App 后就能自动生成购物单，预判用户想要购买的商品。

沃尔玛的全渠道发展主要经历了上述 4 个阶段，前两个阶段的发展主要集中在线下实体门店的运营，到了第 3 阶段则开始了线上业务的布局，结合互联网的优势作用，实现线上线下的融合，而第 4 个阶段则是线上与线下业务协同发展的高峰期，也是在这一时期，沃尔玛真正应用移动手机客户端进行线上营销、支付，线下体验的活动。

沃尔玛以上 4 个阶段的发展，不仅令我们看到了其渠道布局的进步，同时也让我们看到了未来渠道发展的必然趋势——线上线下结合的全渠道模式。

1　图片来源：沃尔玛（中国）官方网站截图

Chapter6　打通全渠道：不"为销售而销售"，让用户不再说"不"

在移动互联网时代，沃尔玛想要进一步超越竞争对手并抵御未来更加激烈的竞争，不仅要发挥自己原有的线下渠道优势，更要发挥线上渠道优势，让一个篮子里装得下更多的东西，让产品在不同的渠道都能卖得更好，让互联网全方位服务于企业和用户！

6 饿了么：打破传统深耕外卖平台

> ※ 企业名片
>
> "饿了么"公司创立于2009年4月，起源于上海交通大学闵行校区，是中国专业的餐饮O2O平台，由拉扎斯网络科技（上海）有限公司开发运营。
>
> 截至2014年10月，公司业务覆盖全国近200个城市，加盟餐厅数共计18万家，日均订单超过100万单，团队规模超过2000人。
>
> 作为中国餐饮业数字化领跑者，"饿了么"秉承激情、极致、创新之信仰，以建立全面完善的数字化餐饮生态系统为使命，为用户提供便捷服务极致体验，为餐厅提供一体化运营解决方案，推进整个餐饮行业的数字化发展进程。[1]

"饿了么"是中国最大的餐饮O2O平台之一。作为O2O平台，饿了么的自身定位是连接"跟吃有关的一切"。除了现有的餐饮配送业务，目前饿了么已经将触角延伸至商超配送等其他领域。截止到2015年7月，饿了么已进入超过260个城市，累计用户近4000万，加盟餐厅近30万家，

---

1 相关数据来源：百度百科"饿了么"简介

日交易额超过 6000 万，超过 98% 的交易额来自移动端。

餐饮业中的佼佼者，除了前面提到的生活半径，不得不说一说近两年做得风风火火的外卖软件企业。饿了么与生活半径最大的区别是，后者是线下与线上结合，而饿了么则是从传统走到线上，打破了传统线下送外卖的渠道模式，而是通过 APP 深耕外卖平台。

其实，在外卖 APP 的厮杀中，除了饿了么，还有很多传统餐饮企业都在探索一种深耕外卖平台的新渠道模式。

不妨先来看看那些年，饿了么的竞争对手们。

饿了么、美团外卖等 App 几乎成了大多数用户手机里的必备软件。

饿了么与竞争对手们的 PK

PK 美团外卖	美团外卖是一家专业提供外卖服务的网上订餐平台，目前覆盖两百余座城市。美团为用户精心挑选众多优质外卖商家，提供快速、便捷的线上订外卖服务。根据易观智库发布的中国互联网餐饮外卖市场 2015 上半年专题研究报告显示，"美团外卖"整体市场订单以 41.24% 的份额，占据互联网外卖市场第一名。美团外卖相关负责人称，这是他们重视用户体验，秉承"消费者第一"价值观的结果。
PK 悠先	"悠先"是一款集选餐馆、点菜、支付、分享于一体的手机应用软件。通过远程点菜，优化就餐体验，同时改善经营效率。用户可以通过"悠先"手机客户端查看到沪、杭等地上千家餐饮优质品牌门店及图文菜单，并预先点菜、支付，避免了餐前点菜、餐后结账时等候的麻烦，提高时效。
PK 百度外卖	相比之下，百度外卖新进入市场，主要定位于白领人群，所以经营集中在高端一点的外卖，必定要打起吸引大家目光的首战。对此，饿了么和美团必定会有新的优惠来与百度外卖争夺市场，消费者只需坐等减价优惠。

2015年伊始，外卖软件刚兴盛不久，点餐之风刮得正劲，成熟度都还不高，单凭某一个时间段的市场份额来评判最终胜负未免有失偏颇。

抛开暂时的业绩，我们也可以从软件界面流程、功能等方面PK，看看谁是"外卖之王"。

1. 界面PK

下图为左——美团外卖——中：饿了么——右：悠先。

饿了么与美团外卖、悠先的界面对比

相比之下，美团外卖的首页情况比较复杂，最下面的"订单""我的"很容易被用户忽略。悠先的界面虽然看似简单，但显然没有展示出用户关心的更具体的信息。

而点击进入饿了么后，可以直观看到商家的具体情况及评分、销售数量等情况以及预计的配送时间——这些都是用户在点餐过程中最关注的点，而底端菜单还可以直接查看全部附近 50 个商家，简洁明了，所有内容都是针对用户需求展开的。

2. 搜索 PK

对用户而言，同样的美食，同样的餐厅，哪家 App 上给出的价格更实惠自然就更愿意光顾哪家。

以五道口地区较有名气的某炸酱面餐厅为例，选择"炸酱面"和"辣炸酱面"两道菜。

结果显示该商家在美团外卖、悠先和饿了么的单品售价相同，但饿了么提供的下单立减的优惠方式更省钱。

当然，无论是哪一家外卖，我们都可以笃定地预测，赋予用户的减免优惠不是永久的，也会定期改变，其目的在于积累用户，抢占移动流量的第一入口。

但综合上述几点而言，似乎以饿了么为依托的衍生品美团外卖走得更踏实、持久。

在手机上把菜点好，到了餐饮点后马上能吃上，这似乎是餐饮圈里正在兴起的新型消费方式。

一直以来，全渠道模式的一个焦点问题是如何实现商业闭环。

换句话说，如今大部分的线上产品只是实现了半个环——线上的行为将客流引导到线下进行消费体验、实现交易。但如何将大部分的线下用户引导到线上消费，依然是个长期难题。

目前，饿了么已经可以在线支付，通过支付架构，用户还可以使用支付宝、微信付款，餐厅也可以使用这套系统进行实时结算，也就实现了闭环。

　　我国的外卖App行业才刚刚兴起，饿了么等企业能在短时间内发展得如此迅速实属不易。未来，这些企业究竟能利用自己的优势走多远，我们拭目以待！

7 美啦：
价值的发现者与创造者

> ※ 企业名片
>
> 美啦是深圳市品汇科技有限公司开发的一款女性美妆社区 APP。美啦以美妆为切入点，为爱美女性打造一个集合"美丽资讯"+"美妆教程"+"全球购"的 C2C 移动社区电商平台。
>
> 2014 年 8 月，美啦完成 B 轮融资，由晨兴资本领投，金沙江、IDG、云启资本跟投，B 轮融资规模达到 2000 万美元。完成天使、A 轮、B 轮三轮融资，美啦共用了 16 个月。
>
> 2014 年 9 月正式由美啦美妆更名为美啦。颜色从 2013 年最初确定的小清新绿，到 2013 年 11 月第一次更新的甜美系萝莉软妹粉到时尚婉约 Queen。
>
> 2015 年 3 月初，美啦 4.0.0 年度版本上线，UI 界面大改版。
>
> 至 2015 年 4 月，美啦下载用户超过 1.3 亿，日活跃用户超过 230 万，成为中国 Top1 美妆社区。[1]

中国大部分女性和外国女性爱化妆的习惯不同。

在国外女性化一个精致的妆示人，是对他人的尊重。

1　相关数据来源：百度百科"美啦美妆"简介

而中国女性似乎大部分都素颜示人。但多数女性不是不想美起来，而是不知道怎样才会变美，怎样的美才适合自己。不是每个人都能像明星大腕一样请得起私人化妆师。

美啦 LOGO[1]

"美啦"从上线起，一直以"只提供用户喜欢的"为宗旨。

美啦如何发现价值、创造价值

碎片式内容 易于分享	当你打开"美啦美妆"，内容显示是一些"碎片式博客"。在互联网这个信息爆炸的时代，碎片式内容，更易于用户分享，也让用户感觉没有阅读压力。能够迅速、轻松、愉快地找到有价值的信息。
"美丽意见领袖" 实现互动	"美啦"还搜罗了一些明星化妆师的美丽秘籍，打造"美丽意见领袖"，与用户一起互动，引导用户走向美丽。
话题引导 相关推荐	用户在美发、美妆等出现化妆话题时，"美啦"会跳出相关产品的推荐，打破了用户与产品间的信息不对称。这样一来，用户在选择产品时至少不会再盲目跟风选择，而是参考选择更适合自己的产品。

1 图片来源：美啦官方网站截图

（续表）

游戏、红包 吸引用户注意	"美啦"在吸引用户上没有太多额外支出，主要靠游戏、红包吸引用户注意。例如，最近发现哪款游戏比较火，就会立刻合作推出类似游戏，并在游戏里贴上自己的广告。再比如逢年过节时，"美啦"会给推荐朋友下载 App 的用户送红包，而朋友成功下载后也可以拿到红包。

在创始人张博看来，当用户有需要时，你第一时间为用户找到他需要的产品推荐，不能算作赤裸裸的广告。

在 APP 泛滥的今天，没路子又没背景是大部分"有想法之人"的现实状态。而美啦的成功源自：

1. 对市场和用户价值的坚持

闭眼睛砸钱、渠道可以挑着用，但那或许只是"国民老公"们的特权。而你若能清楚知道用户心里所想，就有可能不烧钱也能成为价值发现者和创造者。

"美啦"App 上线不到 3 个月，其下载用户数就超过了 50 万。

至 2015 年 4 月，"美啦"下载用户超过 1.3 亿，日活跃用户超过 230 万，成为中国 Top1 美妆社区。后期，"美啦"顺利拿下了上千万美元的融资。惊人下载量的背后，是"美啦"对市场和用户价值的坚持——"给女性用户提供专业的变美解决方案"。

2. 物质与精神价值的双重满足

首先客户必须相信所提供的是非常优秀的物质价值：价格、性价比、质量、功能性、便利性等；其次客户必须相信／看到／感受到公司提供了优秀的精神价值：这种精神价值的内核在于他们看到公司重视和了解他们，把他们的意见当成重要的东西。

简单来说，第一要东西好，第二要受重视。

只有这两个条件同时被满足时，用户才会满怀热情、自动自发地把品牌推荐给其他人，让更多人成为你的忠实用户。

8 伊利：
让情感成为连接用户的纽带

> ※ 企业名片
>
> 伊利，全称为内蒙古伊利实业集团股份有限公司，是目前中国规模最大、产品线最健全的企业，位居亚洲乳业第一、全球乳业八强，也是唯一一家同时符合奥运会及世博会标准，为2008年北京奥运会和2010年上海世博会提供服务的乳制品企业。
>
> 在"全球织网"的线下线上渠道战略下，伊利已经实现国际化布局。作为行业龙头企业，伊利集团是唯一一家进入全球排名前八的亚洲乳企。
>
> 2015年伊利集团营收首破600亿元，收入和净利润实现双增长。
>
> 2016年8月，内蒙古伊利实业集团在"2016中国企业500强"中排名第96位。[1]

伊利金典是伊利旗下的高端产品，曾在春节期间借助线上渠道进行推广宣传，与消费者进行情感互动与链接。

伊利金典通过新浪博客，开展了以"最好的牛奶给最爱的人"为主

---

1 相关数据来源：百度百科"伊利"简介

题的情感营销活动，并将"为爱珍选"和"带爱回家"作为两次活动的分主题。

"爱"是伊利金典奶要传递给消费者的关键内容，伊利集团的企业公众形象塑造，就是要通过对"爱"这一内容的关注，让"润物细无声"的情感流入用户的心里。

选择在春节期间做活动，是抓住了国人强调节日的团圆气氛；而选择新浪博客作为线上推广平台，是因为数据显示，经常光顾新浪的白领和商务人士达70%，这类人平时工作忙、时间紧迫，传统节日就成了他们向家人朋友奉献爱心的时机。

基于上述两点原因，新浪和伊利共同确定了以精英人群为目标，以"家庭"为核心诉求、以对"爱"的主线内容作为主基调的推广思路。

伊利金典纯牛奶官方示意图[1]

伊利如何利用博客作为传递情感、诉说心声的微媒体传播平台，让消费者把"爱"说出来呢？

---

1 图片来源：伊利官方网站产品展示截图

Chapter6　打通全渠道：不"为销售而销售"，让用户不再说"不"

伊利金典以"爱"为主线的线上推广引流策略

策略	分析
"为爱珍选"活动	邀请了56位名人助阵，分别从时尚生活、关爱心灵、健康饮食等方面撰写文章，表达对家人及身边的人的关爱。名人名博的强大效应，立刻引起了网民们的追捧，超过10万网民大规模地"抢沙发"，一时间评论高达136 604条。到活动结束，参与活动的博文流量突破100万，新浪博客总流量突破3亿。
"带爱回家"活动	春节期间又掀起了一次热潮。春节回家过年，已经成了国人心中不可动摇之事，事业的成功离不开家人的支持和关爱，关爱家人也是每一个在外打拼的人拥有的简单而珍贵的情感。只是，平时这种情感都因为忙碌被忽略。春节假期刚好可以与家人团聚，伊利金典提出的"带爱回家"的传播主题与之相融，它对消费者情感关注的延续，又将消费者对家人的关爱表达进一步升华。与此同时，春节购票也是大家关注和热议的话题。
植入票务论坛	伊利在博客专题中，植入了票务论坛，让网友交流如何过年、抒发春节情感的同时，获得相关的票务信息。在新浪票务论坛搜寻票务信息的时候，"带爱回家"的提醒也会把更多的网友引入到专题讨论中来。别小看这样一个小小的细节设计，每天都会打动数万网友的心。
延续传播	新浪博客还提供了多种可以延续传播的形式，为传播服务增值。比如，网友在阅读了名人的博文后，产生了共鸣，也想写文章表达情意，那就可以通过"我也想说"板块来发表博文。此板块与活动专题同期上线，并可在专题页面长期保留，形成持续性的传播渗透。

总之，伊利金典通过此次"情感链接"为广大用户创造了一个温暖的"窝"。改变了传统渠道传播活动中"自说自话"的生硬感，在伊利金典倡导的有关"爱"的一系列活动中，用户深深记住了它的品牌内涵，

有效地提升了金典的品牌形象。

现在这个互联网时代不同于过去，物质的感受已经满足不了有更高追求的用户。他们需要的更多是精神、文化上的体验。

论物质，每个人都有自己喜欢的产品，但你永远没法挑选出让每个人都喜欢的产品。所以，与其用"实物"收买用户，不如传递产品的文化寓意，给不同用户不同的文化体验。总之，情感关系维护是循序渐进的：从标准化的情感服务到个性化客户参与，让用户感受到你的真心实意。

传统企业更应该着眼于和用户发展长期的合作关系，忠诚度高的用户才愿意购买企业更多的产品和服务。而随着用户忠诚度的增长，用户的购买力也会进一步增加。

如何用全渠道思维维护与客户的情感关系？

用最简单的一句话概括，就是以客户大数据为核心的维护方式。

要想应用好大数据，你要做到：

1. 以数据为基础但不依赖数据

很多企业家认为公司都是用大数据来做决策的，天天都要坐在办公室里吹着空调看销售报表、资产负债表等多种报表。但报表不等于实际，是没有竞争力的。只看报表，无法准确地预测未来。

2. 找出数据关联，知道用户在哪里

如果你不知道你的用户在哪里，你相当于永远活在"小数据"时代，因为你不了解你的用户，你根本没办法洞察他们喜欢什么、不喜欢什么。

你可以找出数据之间的关联性，知道关联才能知道差异，最后从关联与差异中找到问题在哪里、机遇又在哪里。当一个传统企业开始具备这样的挖掘能力时，它就拥有了大数据背后的商业常识，甚至闭着眼睛，根本不用坐在办公室天天看报表，就知道明天的客户需要什么。

3. 重新发现关联数据中的差异化

数据的奇妙之处在于，当你找到了数据之间的关联性和差异后，你可以重新把他们排列组合，重新发现其中的关联性和差异化。在这个挖掘→组合→细化→分散→组合的循环过程中，我们常常可以做到一对一精准推广。这是因为，许多要素在重新排列组合后，你会发现其实每个都是独立的个体，通过精准的数据分析，你就能精准营销、更好地维护客户情感关系。

当然，对用户情感关系的维护还有许多路径可以实现，而伊利金典的策略足以为后来者带来借鉴和启迪。

9 管家帮：
合力阿里助力家政行业

> ※ 企业名片
>
> 　　管家帮成立于2006年1月，总部设在北京，创始人是傅彦生。其前身是家政服务O2O平台95081，隶属于北京易盟天地信息技术有限公司。管家帮致力于为客户提供贴心的服务，在月嫂入户之前提供全面诊断评估，并全程跟踪服务质量。
>
> 　　管家帮是一个会员制家庭服务平台，为用户提供家庭生活解决方案，主营业务更新为家政、营养和健康三大板块。
>
> 　　2016年1月，管家帮已获得C轮2亿元融资，由碧桂园独家投资，而据悉这一轮融资早在2015年7月就已经完成。[1]

　　管家帮主要是为家庭用户提供、家庭服务预定、居家养老服务等家政服务。

　　2014年3月22日，管家帮与淘宝展开合作，举办了"生活家，就是爱轻松"小时工2小时服务活动。活动中每个小时工的服务费是18元，每10个成功交易的订单就会产生一单免费服务。

---

1 相关数据来源：百度百科"管家帮"简介以及管家帮官方网站简介

Chapter6 打通全渠道：不"为销售而销售"，让用户不再说"不"

管家帮的部分服务展示[1]

借力本次活动，管家帮的生活服务支付场景得到了扩展，由此获得了大量用户的数据，进一步充实了线上业务，同时促进了用户消费，推动了传统家政品牌在线上渠道的传播。

1. 线下服务，线上切入

管家帮的活动由淘宝平台展开，活动页面直接对接到管家帮的淘宝店铺，同时微信公众号等其他线上平台也展开联动配合，实现了线上服务交易环节，线下的服务则由管家帮负责。

2. 通过活动，沉淀用户

淘宝活动展开后，便是对商家的维护。

---

[1] 图片来源：管家帮官方网站截图

对于管家帮而言，除了要维护与淘宝线上平台的合作，维护活动中的用户也非常关键，重点维护工作主要集中在以下几点：

真正的全渠道思维

管家帮维护用户的要点	
要点	简要分析
提供优质服务	只有优质的服务才能占领用户的心智。管家帮在服务中尽可能引导用户发现优质服务，享受良好的用户体验，从而拉动二次消费，同时让用户帮助品牌传播口碑。
前期充分准备	为了避免活动期间订单呈爆发增长而导致服务水平下降，做好前期的准备工作至关重要，服务的好坏直接关乎品牌形象。
培养用户黏性	通过淘宝互动平台，向用户推送有价值的信息，在与用户的交流互动中，及时接收用户的意见反馈，从而大大培养了用户的黏性。
提高重复使用率	这一方式使得管家帮可以用相同的成本获得更高的利润。例如可以基于用户前期消费，发放二次消费时可以使用的优惠券，或者通过用户管理系统，将用户纳入会员体系，根据用户每次的消费给予一定积分，都可以提高用户的重复使用率。

管家帮的策略，是典型的传统家政服务在线上渠道的应用。用户线上下单，实现支付，享受线下服务，最后再回到线上完成交易同时进行评价。

从线上到线下的渠道布局，最终再回到线上，管家帮形成了一套完整的信息反馈机制。

10 途牛：
布局在线颠覆传统旅游业

> ※ 企业名片
>
> 　　途牛旅游网于2006年10月创立于南京，以"让旅游更简单"为使命，为消费者提供由北京、上海、广州、深圳、南京等64个城市出发的旅游产品预订服务，产品全面，价格透明，全年365天24小时400电话预订，并提供丰富的后续服务和保障。
>
> 　　途牛旅游网提供8万余种旅游产品供消费者选择，已成功服务累计超过400万人次出游。
>
> 　　2014年12月15日，途牛旅游网宣布与弘毅投资、京东商城、携程旗下子公司"携程投资"以及途牛首席执行官与首席运营官签订股权认购协议。根据协议，途牛将向上述投资者出售1.48亿美元的新发行股份。
>
> 　　2015年11月24日，途牛旅游网与海航旅游集团共同宣布战略结盟。海航旅游战略投资途牛5亿美元，双方将利用各自优质资源，在线上旅游、航空、酒店服务等领域开展深度合作。
>
> 　　据最新数据统计，途牛交易规模达到46.5亿元人民币，同比增长141.1%。从增速来看，途牛蝉联行业第一。[1]

---

1 相关数据来源：百度百科"途牛"简介以及途牛官方网站简介

途牛网,这个成立于2006年的企业,主要是通过采集、筛选、整合旅游行业资源,例如,航空、酒店、旅行社、门票、签证等,为有旅游需求的用户提供一站式预订、一对一式的管家服务。

途牛网LOGO[1]

途牛网在线主页展示[2]

在途牛发展起步阶段,当时的携程、艺龙都已经是业内的佼佼者,想要通过复制成功者的模式获得成功并不容易。

在这样的前提下,途牛网开始寻找新的拓展渠道,结合垂直领域与

---

1 图片来源:途牛网官方网站截图
2 图片来源:途牛网官方网站截图

互联网，做起了休闲旅游方向的景点介绍和旅游攻略社区。

纵观我国旅游市场，与酒店机票的预订服务比起来，专门做旅游线路预订的并不多，这就意味着机遇。尽管携程、艺龙等同行在渠道、产品资源等方面的优势为后来者建立了竞争壁垒，但途牛网制作旅游路线，并针对这一定位进行精耕细作，结合线上优势整合旅游产业链，开辟了一条全新的渠道。

方式1：获得线上流量

途牛意识到，在移动互联网时代，流量为王是开辟渠道的基础。为此，途牛开始通过论坛、社区等线上推广渠道获取用户和流量。凭借着不错的互联网线上技术运营手段，途牛在刚转型不到一年的时间，就为合作旅行社带来了超过千万元的预定额。

方式2：提升线下体验

为了进一步成功开辟销售渠道，途牛开始提升用户的线下体验，将原有的平台模式改为自营模式，并尝试采取"线上网络＋呼叫中心＋线下落地"的业务模式。可以看出，此时的途牛不再单纯地甘当搬运工和旅行社的流量入口，而是采购旅行社产品，卖给用户，用户与途牛签订合同，在旅游前、旅游中、旅游后的整个过程都由途牛来提供服务。

在业务板块，途牛也实现了新的突破，其设置的线下服务中心，采取7×24小时全天候服务，为用户提供了更加到位的线下体验。

如今，途牛正尝试向一家真正的在线旅行社发展，建立自己的品牌，与用户直接签单，给予用户产品和服务保障。

方式3：确保服务品质

在服务品质的管控方面，途牛也有自己的体系。

途牛借鉴了服务业的管理经验，严格控制付款环节，倘若旅行社没有按照国家的标准提供服务，带来不好的用户体验，途牛就会对旅行社根据一定的标准进行扣款。此外，途牛还搭建了一套完善的用户点评体系，如下图所示：

途牛网在线点评体系[1]

为了确保线下用户的体验质量不打折扣，途牛的点评体系规定产品的好评率不得低于75%，否则就要被迫下架。

途牛始终坚持通过线上引流获取用户，再将线上线下结合，打造一站式服务的全渠道模式。

1　图片来源：途牛网官方网站截图

Chapter6 打通全渠道：不"为销售而销售"，让用户不再说"不"

目前，途牛的线上线下系统实现了对接，用户可以通过线上实时查询产品特色、状态以及最新的价格展示，获得更多的线下体验。

对于途牛而言，或许它仍处于发展的早期。未来，在面临巨大的市场机遇的同时，也面临着来自更多竞争对手的挑战。例如，在进行全国范围扩张的同时，如何为用户提供更丰富的产品，怎样确保更优质的服务品质，如何在这个过程中，持续提升自身品牌的知名度。在激烈的市场竞争中，途牛只有不断优化渠道，打造更具识别度的品牌，才能在新的角逐中傲视群雄！

后 记

渠道需要不停地优化、与时俱进

近几年,在我所接触过的一些企业中,有一些企业业绩并不理想,但其遇到的最大问题并非产品质量或者技术问题,而是渠道体系不完善,导致客户较少、购买数量低下、销量不断减少、产品在终端市场关注度不够等。

正因如此,企业更需要通过不停地优化渠道体系,才能有效地解决客户资源缺乏等问题。

在我看来,渠道理应不停地优化、与时俱进。

众所周知,我国的销售市场发展到今天,从传统的"坐销"中引申出了行销、分销等多种销售渠道模式。

坐销,就是传统企业所依靠的生产出产品后,坐等条件较为优越的经销商上门联系合作的模式。显然,这种模式已经远远落后于这个时代!企业必须用新的销售模式来推动产品更快更好地流向市场——一些产品本身先天条件并不优越,相同类别的产品竞争压力很大,或者企业需要较高的价格来获得短期利润,又或者市场的大环境条件较差,消费者的消费愿望并不强势等。在上述情况下,企业就应发挥好行销、分销等渠道优势并加以扩展。

行销，是指企业不再只是依靠有固定合作关系的经销商，而通过改变自己的合作客户类型，主动深入到接受产品更加"深层次"的市场。例如，大客户的单位、城市社区、城市写字楼等地区。

分销，则是指在企业指定的经销商门面之外，积极开拓新的销售现场，这种渠道拓展通常集中于大型商超、大型卖场等。通过主动拓宽项目和客户沟通的渠道，从而方便经销商上门，实现增大有效渠道的目的，让更多消费者能够接触、购买和使用到产品。

无论最终选择哪一种渠道，都需要企业主动出击，线上＋线下全渠道方式并行，为销售创造和提供更多的利润来源，保障目标实现。

在本书的最末，还想与各位分享一点：为什么企业一定要做全渠道？

因为在未来一定时期内，传统门店、传统商业不会消亡，它们依旧是销售市场的重要力量。只是，在互联网这个新时代里，我们需要线上与线下渠道更好地结合。换言之，如果你还是不明白为什么要做全渠道，不妨仔细总结下，线上渠道能给传统渠道带来什么？

至少从以下五个方面，线上渠道将给传统门店带来全新的机会：

机会1：品牌推广

如今，依托互联网的线上渠道是一个较大的、线上的、媒体的通道，企业可以利用庞大的网络用户群和移动端用户的渠道，进行品牌线上推广。

机会2：市场通道

做线上渠道之后，企业做营销时就可以联合传统媒体、新媒体一起做互动、做社交，吸引用户，这是互联网带给传统的价值，传统市场中的广告变成了互动性质。

机会3：CRM（客户管理）系统

当线上品牌积累了大量用户，企业对会员关系和大数据的理解，就很容易超越对传统品牌的理解，而将二者的优势更好地结合，也是企业未来应探索的。

机会4：服务阵地

在互联网时代，当传统门店变成一个新的服务阵地，其形式无论是O2O也好，还是全渠道也罢，对企业而言都是一个很大的机会。

机会5：提升业绩

提升零售额和整体销售额，这是线上渠道最核心的优势，也是线上线下结合之后最具想象空间的发展模式。

当然，随着时代的发展、高科技的飞速前进、商业模式的改变及竞争的加剧，全渠道模式未必100%适合每个发展中的企业。但是，今天的良好开端对每个人而言都非常重要，唯有如此，才能进一步探索更加成功、更加正确的未来。

目前来看，我个人对线上+线下全渠道的融合深信不疑，我国的传统商业、零售渠道、品牌，在不远的未来一定会发扬光大。

现在我们要一起努力探索的是，如何才能站在巨人的肩膀上，将这条路走得更宽广、更彻底。

举个简单的例子，每逢到了双十一要准备数以亿计的产品时，传统门店的压力几近崩溃。如果企业能让线下的门店发挥"就近服务"的作用，就能发挥更大价值。而这需要线下的门店有更深度的服务，更需要企业将线下服务能力与线上销售能力结合，这不是一个人或者某个单一渠道就能成功的。

我曾接触过一家科技企业，该企业通过代理分销销售相机产品获利，其直销营业额也相当庞大，掌握众多产品资源，握有充分的资金实力。同时，拥有着众多的营销渠道，成为业界的强势企业。

但随着市场竞争激烈、时间的不断推移，该企业的原有渠道开始逐步老化，失去了发展冲击力，有的渠道合作者对该企业的利润产生不满，不愿再有深度合作。

与此同时，该企业不断地进行自我变革和挑战，但不少经销商自身却因循守旧，依旧抱着传统观念与该企业合作。如此一来，该企业的渠道无形中越变越窄，于是，该企业决定开拓不同的新渠道，获取更大增长空间。

前两年，该企业面临着产品线发展跟不上供货需要的困难，但依然大规模拓展了新渠道。后来，这些在高端产品、入门级产品等方面的新渠道开始发力，取得了理想业绩。一年后，该企业可操作的渠道数量增加了将近20%左右，渠道销量增长了25%。

与此同时，新渠道打破了该企业原来将近60%的营业额都是由三四家经销商联手完成的局面，很大程度地降低了市场炒作的风险，让该企业的渠道网络结构变得更加合理、安全和稳定。

可见，不断地拓展渠道、优化渠道，是企业未来发展的空间所在，也是新利润源所在。

今天，关于全渠道的探索才刚刚开始，尽管我们目前进行的尝试或许还处于初级阶段，但未来的空间是无比巨大的。

企业唯有与时俱进、顺势而为，通过打通全渠道实现多样化发展需求，才能弥补企业本身短缺的资源，让自己更具力量！